Data pubblicazione: 2022

Emanuele Pagani

FURRY? WHY NOT?

Indagine sulla cultura "Furry" nello spazio e nel tempo

Indice generale

Primo passo: *Comprenderne le filosofie...*

"We keep moving forward, opening up new doors and

doing new things, because we're curious...

and curiosity keeps leading us down new paths."

Walt Disney

(Tratto da, "Righe 4-8, Codice Sorgente dell'Home Page di Disney.it")

[Andiamo sempre avanti, aprendo nuove porte e facendo cose nuove, perché siamo curiosi... e la curiosità ci porta verso nuovi orizzonti. - Walt Disney]

```
          □ □
          |\ /|
         /_^ ^_\
           \v/
```

The fox goes "moo!"

(Tratto da, "Righe 662-666, Codice Sorgente dell'Home Page di FurAffinity.net")

[La volpe fa "muu!"]

Introduzione: *Perché un libro sulla cultura "Furry"?*

Cos'è un Essere Umano?

Prima di iniziare la nostra trattazione inerente al mondo dei così chiamati "Furry", esseri antropomorfi ispirati al mondo animale, dobbiamo capire perché un libro che parla del "Fandom" inerente a questo mondo fittizio non è una completa idiozia.

Per capire il fascino ma anche i lati più interessanti del mondo che viviamo e del modo in cui affrontiamo le nostre giornate dobbiamo chiederci innanzitutto che cos'è un Essere Umano. L'Essere Umano, come viene definito dalla Oxford, è *"Proprio dell'uomo, in quanto rappresentante della specie, dal punto di vista biologico"*. Ebbene, l'uomo e la donna non sono altro che Animali, dei rappresentanti della classe dei Mammiferi, come lo sono lupi, scimmie, gorilla, volpi, gatti, cani e quant'altro. L'Essere Umano è quindi parte di quel Cluster di esseri viventi che, per mezzo della sua evoluzione biologica e sociale, è riuscito a differenziarsi da questi ultimi per una motivazione a mio dire elementare: riesce a piegare l'ambiente intorno a sé di modo da trarne un profitto, che sia economico o materiale. Pensiamoci bene: volpi, lupi, gazzelle e tutti gli altri mammiferi con cui condividiamo l'aria che respiriamo sono sì esseri viventi, ma che non sono in grado di plasmare l'ambiente naturale in cui questi vivono.

Loro, come se fossero un nostro riflesso, sono succubi dell'ambiente che li circonda. Volpi, lupi, leoni; scoiattoli, orsi e pipistrelli, da quando aprono gli occhi la mattina a quando li chiudono la sera sanno che dovranno lottare contro i loro predatori per riuscire a sopravvivere... mentre i predatori sanno che avranno bisogno di trovare qualche preda di cui nutrirsi. Quanto detto qui ci viene quindi confermato da un bellissimo proverbio africano che, sicuramente, almeno una volta nella vita, avrai sentito:

Ogni mattina in Africa, come sorge il sole, una gazzella si sveglia e sa che dovrà correre più del leone o verrà uccisa. Ogni mattina in Africa, come sorge il sole, un leone si sveglia e sa che dovrà correre più della gazzella o morirà di fame. Ogni mattina in Africa, come sorge il sole, non importa che tu sia leone o gazzella, l'importante è che cominci a correre.

L'Essere Umano è quindi un animale diverso, una creatura *diversamente* intelligente rispetto agli altri animali della sua stessa Classe. Egli è stato in grado di concepire dei sistemi per piegare l'ambiente al suo volere, quindi è riuscito ad instaurare delle politiche sociali tali da portare ad un evoluzione collettiva l'intera sua specie. Dalle grotte, o comunque dalle foreste, l'Uomo oggi vive all'interno di appartamenti più o meno spaziosi, villette singole o pluri-familiari e, invece di uscire di casa per andare a caccia, semplicemente va a Lavorare, fornendo un servizio verso il pubblico o per il suo Stato di provenienza, venendo quindi pagato per comprare la così chiamata "Pagnotta" e per far girare quella che viene chiamata "Economia". Ebbene, anche se questa è la situazione attuale (giacca, cravatta, biglietto della metro, ventiquattrore e via verso il *meeting*) la realtà è che noi, come i nostri amici mammiferi, facciamo parte della stessa, grande, famiglia. Siamo diversi per il modo di fare, per le usanze ed i costumi, per la lingua e per la tecnologia, ma certamente proveniamo tutti da quel brodo primordiale da cui tutto, all'inizio dei tempi, prese vita. Siamo semplici proteine, amminoacidi, vitamine e sali minerali che, agglomerati l'uno con l'altro, ci permettono di mostrare la nostra esistenza per mezzo di un corpo e di una serie di azioni. Niente di più e niente di meno: siamo avatar del nostro intelletto.

Ma perché, per parlare di quattro immagini disegnate disponibili online, su FurAffinity, piuttosto che su DeviantArt, è necessario compiere un introduzione così complessa e così articolata? La risposta è molto semplice: l'attuale cultura Furry nacque quasi per caso, forse determinata dalle nostre stesse origini animalesche.

Cos'è la cultura?

Ma cos'è una cultura? Quando si parla di "Cultura", spesso e sovente vengono alla mente musiche, vestiti, ma anche libri trattanti qualsiasi tipo di disciplina. Cultura... tasselli ed elementi che contraddistinguono il bagaglio culturale di una persona piuttosto che di un altra. La definizione di questo complicato termine è però assai più articolata. La Treccani rielabora il complesso significato di cultura per mezzo di una definizione scritta ad hoc, semplice da comprendere, ovvero: *"L'insieme delle cognizioni intellettuali che una persona ha acquisito attraverso lo studio e l'esperienza, rielaborandole peraltro con un personale e profondo ripensamento così da convertire le nozioni da semplice erudizione in elemento costitutivo della sua personalità morale, della sua spiritualità e del suo gusto estetico, e, in breve, nella consapevolezza di sé e del proprio mondo".* Potremmo quindi dire che la cultura di una persona crea effettivamente la persona stessa. Per mezzo dei concetti e del sapere di un individuo, questi può effettuare dei ragionamenti differenti rispetto a quelli effettuati da un altra persona, quindi giungere a conclusioni completamente eterogenee.

Dalla storia, dal passato dell'uomo e dalle origini della nostra specie, ecco che si apre dunque un altra grande porta che ci conduce nel mondo dell'intelletto e della psicologia.

Sostanzialmente, la cultura Furry non si basa solo sul "Chi siamo" e "Cosa eravamo", bensì anche sul "Come pensiamo" e sul "Come agiamo".

L'insieme di carte disegnate con più o meno dettagli, con più o meno realismo caricate sui server della FurAffinity iniziano quindi ad ottenere un po' più di spessore, mostrando una realtà che, diversamente da come si crede, è molto più articolata, più sfaccettata; molto più complessa.

La ricerca sul fenomeno del Furry Fandom

La complessità di un mondo così apparentemente infantile, dove la gente va in giro per Chicago all'interno di convention a tema, vestiti da volpi o creature pelose dalla difficile interpretazione, supera però la capacità dell'uomo di capire perché questo accade. Nel duemilasedici venne aperto un sito web per trattare la scienza e la statistica che vive dietro al "Furry Fandom"; Furscience[dot]com (i cui studi vennero attivati nel 2014). In questo sito scientificamente serio, il tema della cultura "Furry" viene analizzato molto approfonditamente per un motivo molto semplice: i Furry[1] sono letteralmente un fenomeno in continua espansione.

Quello che stiamo analizzando e che analizzeremo nel corso del libro, è un vero e proprio fenomeno di livello globale. Ovunque, in ogni Stato del mondo, esiste almeno un gruppo o un associazione più o meno riconosciuta che come oggetto di studio o tematica ripropone quella del "Furry Fandom". America, Germania, Italia, Polonia, Spagna, Russia, Portogallo, Francia... addirittura Cina e Giappone presentano delle comunità più o meno grandi, alcune delle quali, oltre ad avere dei forum o delle pagine/portali online, creano anche dei veri e propri raduni in "Real-Life", alcuni dei quali assumono più una piega di "Conferenza" (le "FurCon").

Prendendo i dati che seguono dal sito precedentemente citato, ovvero Fuscience.com, l'età in cui si registra una maggiore presenza di "Furry" è quella che va dai 18 ai 20 anni[2], per poi scendere progressivamente fino alla fascia d'età 48-50, un rialzo glorioso e impavido in 51-53, e quindi una piccola percentuale di uomini e donne di 57-60+. Stando al sito, solo il 9% dei Furries si identifica come un "Grey Muzzles", ovvero "Museruola Grigia", il "Veterano", in gergo militaresco. Tale titolo viene quindi ricollegato agli uomini e alle donne più vecchie del Furry medio (quarantaduenni ed oltre) o a tutti quei Furries che seguono il Fandom da almeno dodici anni.

Non bisogna stupirsi di questi dati. Dodici anni, di fatti, sono "pochi"... stiamo però parlando di un mondo che attira facilmente i ragazzi giovani e i bambini[3]. Esiste quindi un *Turn Over* molto elevato dal momento che tendenzialmente una persona rimane nel Fandom per solo sei anni, valore che contribuisce ad abbassare drasticamente la permanenza media globale.

Altri dati ci riportano informazioni sull'etnia dei partecipanti al Furry Fandom. Secondo le statistiche offerte dal sito, il 78,6% dei seguaci di questo mondo è bianco, subito seguiti dagli Est-Asiatici (15,3%), gli Ispanici (3,2), Neri e Indigeni-Nativi (1,6%), quindi Medio Orientali e Indiani/Asia Centrale (0,7%)[2]. Questi dati, seppur interessanti, non sono ancora in grado di spiegare il perché di questa tendenza. Per scoprire qualcosa in più sui tratti comuni delle persone che seguono questa realtà "alternativa" bisognerebbe analizzare più che altro il comportamento delle persone stesse, nonché le loro predisposizioni innate.

Parlando di spiritualità, la religione sembrerebbe non essere di casa: il 54% dei Furries non si considera religioso ma, un buon 25%, si considera sufficientemente "Spirituale". Del resto, visualizzando le affiliazioni religiose di quei pochi Furry religiosi all'interno del Fandom, si scopre che vi è una netta prevalenza di religioni non cristiane. Secondo le analisi, una minoranza di satanisti viene controbilanciata da un carico piuttosto elevato di pagani e Wiccan (un buon 11%), quindi di buddisti e di religioni minori. Del resto, confrontando il Fandom dei Furry con quello sugli Anime e sullo Sport in generale, non si può dire che i suoi partecipanti siano poco religiosi. Ma proseguiamo.

Come abbiamo già detto precedentemente, le comunità Furry trascorrono una gran parte della loro giornata-virtuale su forum o comunità incentrate prevalentemente su arte e letteratura. Ebbene, per mezzo di un indagine svolta all'interno di un forum, il 35% dei partecipanti -paradossalmente- non si identifica né come autore né come artista (musicale o grafico che sia). Quanto detto sembrerebbe quindi estremamente insensato visto il quantitativo di disegni presenti sui forum. Ebbene, tali opere vengono realizzate prevalentemente da un 25% della comunità che, al contrario dei precedenti, si identifica fortemente come un creatore di contenuti grafici, multimediali o, ancora, letterari.

Statistiche su argomenti sensibili

Analizzato in modo molto generale il mondo che stiamo studiando, passiamo oltre, toccando con mano quelli che sembrerebbero essere definibili come "Argomenti sensibili", "Scottanti". Parliamo di Sesso, Sessualità e Pornografia.

In un libro del genere, dove almeno inizialmente si discuteva di una realtà fantasiosa che poteva essere accostata senza ombra di dubbio al film "Zootropolis" della Disney, pare strano leggere la parola "Pornografia", soprattutto se a poche pagine dall'inizio del testo. Non ti preoccupare, non sto sparando informazioni alla rinfusa ma, al contrario, quello che sto facendo è seguire un filo logico che, entro poche righe, sarai in grado di comprendere anche tu.

Partiamo dalla sessualità, ovvero dal sesso del Furry. Come si sa bene, e come ormai la scienza è riuscita a dimostrare, donna e uomo pensano e ragionano (almeno sotto alcuni aspetti) in modo differente[4]. Stando a quanto detto, è quindi normale osservare una prevalenza sessuale dell'uno o dell'altro genere. Ebbene, una ricerca del 2016[5] ha dimostrato che -oltre ad esserci una parte di transgender (2%)-, il 78-85% della comunità è formata da Furries di sesso maschile. Ad ogni modo, lo stesso tipo di test venne quindi riproposto nel 2020, portando a galla risultati ben differenti rispetto a quelli originari. Nel 2020[6], infatti, un test che coinvolse 559 partecipanti, rilevò una composizione del panorama Furry molto più variegata rispetto a quella mostrata inizialmente. Più precisamente:

- 73,2%: Maschi
- 10,1%: Femmine
- 12,5%: Transgender
- 12,5%: Non binari
- 4,2%: Genderqueer (Non definibile maschio o femmina)
- 5,6%: Genderfluid (Nessuna identità di genere costante nel tempo)
- 2,9%: Agender (Nessuna identità di genere)
- Restante: N.D.

Ma per quanto riguarda l'orientamento sessuale? Anche qui le informazioni che ci vengono date dalle ricerche sono molto interessanti. Per farla breve, l'eterosessualità (pur non essendo mai una maggioranza assoluta, poiché rappresentata dalla bisessualità), era una delle opzioni più comuni, almeno subito dopo quella che racchiude l'omosessualità.

Per mezzo di un sondaggio internazionale condotto nell'estate del 2020 su piattaforma online, le carte in tavola sembrano essere state modificate ancora una volta: le tendenze precedentemente riportate sembrano essersi completamente sovvertite. Gli omosessuali rappresenterebbero il 28,8% della comunità, seguita dagli etero al 10,1%, dai bisessuali al 23,4%, dai pansessuali e dagli asessuali (rispettivamente 16,5% e 10,5%) e quindi dalle persone che "Non sanno" o che "Hanno altre preferenze" (rispettivamente 5,8% e 4,9%).

Rispetto a tutti gli altri Fandom, come quello sportivo o inerente agli Anime, quello dei Furries appare come una realtà effettivamente e concretamente "più varia". Per esempio, quello sugli Anime e quello sportivo riportano rispettivamente un 65% e un 88% di eterosessuali, dipingendoli come Fandom meno diversificati sessualmente.

Tocchiamo un altro argomento scottante ma che, secondo alcuni Furries, viene visto come qualcosa di molto importante all'interno dell'orizzonte del Fandom. La pornografia.

Nel trattare questo argomento devo fare una precisazione importante, senza la quale potrei portare il lettore a comprendere in modo errato il mondo che stiamo trattando. La pornografia e l'arte pornografica basata sul Furry è infatti vista con una prevalenza di stereotipo negativo, il quale ricade sull'associazione dell'arte alla devianza sessuale e quindi alla presunzione che il Fandom -nel senso più generale- sia un feticcio, cosa che, in realtà, non è[7]... anche se tendenzialmente la comunità sembrerebbe apprezzare la pornografia a tema peloso, soprattutto la componente maschile.

Ad ogni modo, i risultati più interessanti ci vengono offerti dagli individui maschi del Fandom che, alla domanda "Quale percentuale di Porno-Furry guardi?" risponde mediamente con un "50,9%", al contrario delle donne che tendono per una percentuale relativamente più bassa, il 30,7%.

Analisi relative al discorso animale

Passiamo poi ad una delle ultime analisi statistiche che fornirò in questa introduzione: il discorso del rispetto animale. Visto che in queste comunità esistono degli Esseri Umani che si identificano con degli Animali pelosi indossando vestiti o, ancora, utilizzando foto profilo commissionate o auto-realizzate ritraenti animali fantastici resi antropomorfi, è normale pensare che vi sia una componente di rispetto per il mondo animale. Ebbene, l'83% dei Furry che ha partecipato al sondaggio internazionale del 2012 creato da FurScience, ha dichiarato di sostenere i diritti degli animali, ma solo il 7% ha affermato di considerarsi un attivista per i diritti di questi ultimi. I Furries, del resto, hanno dichiarato forte preoccupazione per lo spostamento degli animali dal loro ambiente naturale, l'uso delle loro pellicce e la sperimentazione deliberata di farmaci e cosmetici. Paradossalmente, il Furry medio è meno interessato (o, per meglio dire, meno infastidito) dalla componente alimentare che l'animale riveste per l'Essere Umano. Non sono state fatte delle grandi denunce per limitare il consumo di carne o, ancora, prodotti di origine animale.

Identificazione come animali non umani

Ebbene, uno dei malintesi più comuni che si possono fare sui membri del Furry Fandom è che questi si ritengano degli Animali non Umani, caratteristica che in realtà è da ricollegare a quello che viene chiamato *Therian*. Il Furry, al contrario del *Therian* -che tendenzialmente ritiene di essere più animale o totalmente animale anziché umano-, è quell'utente online che usa avatar antropomorfi (le "FurSona") ma ritiene di essere al 100% umano. Per fare un esempio calzante, FurSciece nel 2011 diede il via ad un test, un indagine internazionale, che vedeva in gioco ben due domande; la prima era "Ti consideri meno del 100% umano?", la quale diede luogo a risposte che, tendenzialmente, sembravano essere negative. Al contrario, con la seconda domanda (ovvero, "Se potessi, diventeresti 0% umano?"), l'Ente ha ottenuto un 38%-53% di risposte positive. Tendenzialmente chi rispondeva controcorrente, quindi "Sì" alla prima domanda, non era un "Peloso" bensì un *"Therian"*.

Conclusioni

Ebbene, da questa breve introduzione al mondo dei Furries e alla sua composizione abbiamo introdotto alcune componenti che ci permetteranno di analizzare al meglio, già dal prossimo capitolo, questa interessante realtà così particolare, vivace e unica.

Ma cosa contraddistingue la realtà del Furry Fandom rispetto a tutti gli altri Fandom che si possono trovare in rete? E quali sono i problemi di questa realtà che, lentamente, si sta espandendo sempre di più? ☐ ☐

---

1. Furry, nel gergo del Fandom, ha due sfaccettature; quella del Furry, ovvero della persona che si accosta al "Mondo dei Fan" (Fandom) e quella del Furry, ovvero della creatura più o meno antropomorfa che richiama o ricalca caratteristiche che tendenzialmente appartengono al mondo dell'animale selvaggio.
2. Furscience.com. Risultati del Campione Test 2020.
3. Purtroppo mancano dati inerenti alla partecipazione dei minori di diciotto anni.
4. https://stanmed.stanford.edu/2017spring/how-mens-and-womens-brains-are-different.html
5. https://www.furscience.com/wp-content/uploads/2017/10/Fur-Science-Final-pdf-for-Website_2017_10_18.pdf
6. https://furscience.com/research-findings/appendix-1-previous-research/summer-2020/
7. Degli studi atti ad analizzare la componente feticista del Furry, si è chiesto a uomini e donne di indicare l'impatto che la componente pornografica riproposta dal Fandom ha sul coinvolgimento nella comunità stessa. I risultati sbalordiscono. Sia secondo uomini, sia secondo donne, la componente pornografica del Fandom non ha per nulla alcun impatto sul loro coinvolgimento all'interno della comunità (M: 25%, F: 64%), anche se esiste una minoranza (M: 5%, F: 0,0%) che ritiene la pornografia lo scopo del Furry Fandom.
   In breve, la componente pornografica non riveste un ruolo

preponderante nel mondo dei Furry, rimanendo solo ed esclusivamente un tratto di confine (https://furscience.com/research-findings/sex-relationships-pornography/5-6-porn-as-a-draw-to-furries/).

SEZIONE 1
ANALISI STORICA

Capitolo 1: *Origini ed espansione della cultura Furry (I Parte)*

MICROINDICE:
- *Da dove è partito tutto*
- *Poi gli uomini si stancano del nomadismo*
- *L'animale è diverso, ma simile all'essere umano*
- *Conclusione della prima parte*

Da dove è partito tutto

Quando iniziai a frequentare l'università, capii che tutto quello che ci circonda, dalla più piccola roccia alla più grande montagna, è fatto di scienza. Tutto, dal comportamento animale a quello vegetale, può essere studiato e compreso per mezzo di questa disciplina. Ebbene, questo mio lavoro, questa sorta di riassunto sul mondo Furry parte proprio da questa consapevolezza: tutto è scienza e nulla può essere escluso dal suo cluster.

Per cercare di ricollegare questa mia ferma convinzione al Furry Fandom, iniziai quindi a compiere delle ricerche per capire le motivazioni che spingono delle persone a radunarsi, a produrre arte antropomorfa e, ancora, vestirsi da *"Dog-People"* per fare coloratissime convention in tutto il mondo. Insomma, la domanda che deve farsi un lettore a questo punto è la seguente: cosa spinge la gente ad attuare questi strani comportamenti all'interno di una comunità più o meno ampia? Ebbene, non a caso, ecco che si rientra nello studio delle culture popolari, nonché nell'immenso campo della psicologia sociale. Scienza, appunto.

In questo lungo viaggio ci accompagneranno non solo siti internet affidabili e membri del Fandom, bensì la nostra trattazione verrà coadiuvata anche da un importante ricercatrice, collaboratrice del sito "FurScience.com", la Dottoressa e Professoressa Emerita (Ph.D. in psicologia) K.

Gerbasi del *Niagara County Community College*. Quest'ultima, a sua volta, per mezzo della nostra corrispondenza avvenuta per mezzo della posta elettronica [che grande benedizione la posta elettronica], non solo mi ha permesso di realizzare che in questo mondo -fortunatamente- esistono ancora persone cordiali e competenti, bensì mi ha fornito anche una mole di informazioni scientifiche piuttosto estesa, concedendomi quindi collegamenti interessanti che esplicheremo e tratteremo nel corso del testo come elementi terzi, *"Ex-Cursus"* o similari. Ovviamente, devo ringraziare la professoressa anche per un'altra questione: ha letto la mia prima mail, un muro di testo particolarmente esteso, sia sotto il suo aspetto concreto che astratto (il contenuto, l'articolazione delle domande e la complessità dell'argomento affrontato).

Del resto, come scrissi alla Professoressa stessa in una seconda mail, quello del Furry Fandom potrebbe sembrare un mondo strano, composto da gente frizzante e con la sindrome di Peter Pan... ma questa è solo l'apparenza, la superficie dell'oceano; solo acqua. Per capire il bello delle cose, e né sono assolutamente certo, bisogna armarsi di un sommergibile ed entrare in queste acque che, apparentemente, sembrano essere prive di complessità, di fascino. Provate a fare anche solo una volta un immersione nel Mar Rosso e capirete per certo ciò che intendo. Io ci ho provato. E' stata un esperienza che mi ha letteralmente cambiato la vita.

Iniziamo però ad addentrarci nel discorso più succulento di questo libro, il cuore di una ricerca che è partita da una semplice domanda: *"Perché alla gente piace questa roba?"*. E' apparentemente sciatta, priva di qualsivoglia senso logico... ma forse non è proprio così. La storia dell'Essere Umano è altamente variegata, edificata su più livelli. Nato per caso, da un agglomerato di composti chimici, l'*Homo sapiens* è in tutto e per tutto un primate, un animale. Del resto, sul livello creativo, ancora oggi artisti, musicisti e scrittori, ricollegano le antiche origini della nostra storia, richiamando la nostra stessa esistenza al mondo animale. Un gruppo musicale britannico (i "Take That"), per esempio, nella loro canzone "Kidz", paragonano gli esseri umani a *"Scimmie che hanno imparato a costruire delle macchine"*.

Ma dal 2010, anno di uscita dell'album "Progress" in cui è contenuta questa canzone, dobbiamo fare un salto all'indietro di circa 32 o 36mila anni, spostandoci quindi in Francia, nell'arrondissement ad oggi chiamato Largentière, presso il comune di Vallon-Pont-d'Arc. In questo luogo e in questo tempo verrà realizzata quella che, dalla data della sua scoperta (il 1994) ad oggi viene ricordata e riconosciuta sotto il nome di Grotta Chauvet. All'interno della Grotta Chauvet, il cui nome deriva da quello del suo scopritore, Jean-Marie Chauvet, si ritrovano testimonianze simboliche ed estetiche che si ritengono del Paleolitico Superiore o, più precisamente, l'Aurignaziano, una cultura paleolitica che si diffuse in quasi tutta l'Europa[1]. E' di nostro interesse il fatto che, dato il periodo in cui venne popolata questa grotta, questa diviene il punto di partenza della nostra storia. Per mezzo di queste testimonianze parietali (prevalentemente disegni o raffigurazioni) indicate dagli storici come *"il più antico esempio di arte preistorica del mondo"*, possiamo iniziare una trattazione che, paradossalmente, ricade sulla cultura Furry attuale.

La grotta, che corre per circa 500 metri all'interno della montagna, fu scavata nel corso dei millenni dal fiume Ardèche. Sulle sponde di questi lunghi tunnel, è quindi possibile intravedere testimonianze realizzate dall'uomo di Cro-Magnon[2]. Ciò che ci interessa principalmente della raccolta di queste tracce, attestazioni di un passato lontano, sono quindi le figurazioni di soggetti animali che, straordinariamente, sono giunte sino a noi, mostrando uno stile e una bellezza quasi del tutto innaturale. Pitture e incisioni ritraenti bisonti, mammut rossi, gufi, rinoceronti, leoni, orsi, uri, cervi, cavalli, iene, felini (forse leopardi), renne e lupi (seppur in netta minoranza) sono in tutto 500; 500 opere d'arte antica risalente dai 32 ai 36mila anni fa.

E' possibile quindi definire la grotta una prima comunità legata al mondo del Fandom? Ovviamente, a questa domanda, bisogna rispondere negativamente. Lasciando da parte la reazione degli accademici nello scoprire la Grotta Chauvet[3], la rappresentazione degli animali sulle pareti di quest'ultima può essere interpretata in diversi modi. Una delle teorie più interessanti e quindi quella dello scopo rituale. L'atto di rappresentare un'animale su una qualsiasi superficie significava ucciderlo a livello astratto, ancor prima di passare al livello concreto. Sostanzialmente, raffigurando l'animale che si voleva uccidere a scopo alimentare o rituale, questi si indeboliva. Durante la caccia, l'Uomo era quindi facilitato nelle operazioni di sottomissione della creatura e quindi della sua uccisione.

In merito ad un'altra grotta francese chiamata "Grotta di Lascaux[4]", Barbara Ehrenreich, del The Guardian, scrive quindi un attenta riflessione intitolata "Gli esseri umani non erano al centro della scena". La giornalista, palesemente affascinata dai decori che costellano l'intera grotta, parla però di qualcosa di nuovo; più precisamente *"creature simili a quelle umane"* e che *"alcuni archeologi chiamano cautamente 'umanoidi', riferendosi alle figure stilizzate bipedi che a volte si trovano ai margini dei pannelli contenenti sagome di animali"*[5]. Ehrenreich arriva persino al punto di asserire che tali creature antropomorfe vennero dipinte con, e cito testualmente, *"un'attenzione quasi soprannaturale ai dettagli muscolari"* ma che, purtroppo, sembrano non essere dotati di una faccia. Perché tutta questa attenzione, perché tutta questa dedizione maniacale nei confronti della ricerca e della riproposizione del dettaglio se poi, alla fine, queste creature non hanno volto (risultando concretamente prive di identità)? Ebbene, anche se non vi è alcuna prova concreta a proposito di quanto sto per scrivere, come le mani prive di una firma apposte all'ingresso della grotta sembrerebbero

Grotta Pont d'Arc (copia della Grotta Chauvet) - Claude Valette (CreativeCommons)

non avere padrone, questi corpi umanoidi privi di faccia vennero realizzati in questo modo per adattarsi a chiunque. L'assenza di identità in una rappresentazione grafica, del resto, permette allo spettatore di immedesimarsi all'interno di essa, trasponendo le sue caratteristiche all'interno di questo contenitore che, per l'appunto, l'artista creò vuoto in modo del tutto volontario.

Ma quante persone ci volevano per realizzare tutto questo? Per rispondere a questa domanda potremmo avvalerci di un libro piuttosto interessante chiamato "The Cave Painters", scritto da Gregory Curtis. L'autore, nella sua produzione letteraria, accosta il fenomeno della pittura nelle caverne ad un vero fenomeno sociale dove, non una, non due ma interi gruppi di persone collaboravano in modo cooperativo per dipingere parti di grotta. Secondo Curtis, *"ci voleva una folla per decorare una grotta"*, persone che ispezionavano le pareti, gente che trascinava tronchi per costruire impalcature, artisti, individui che preparavano i colori e altri ancora che avevano il compito di sostenere il gruppo di lavoro, cacciando, raccogliendo frutti e cercando dell'acqua. Le mani, quelle immagini rossastre o di sfumature aranciate che si osservano all'interno delle grotte, potrebbero essere quindi delle sorta di censimenti demografici; delle firme che venivano apposte dagli individui che avevano contribuito nella realizzazione di quella determinata opera, per quanto simbolica, spirituale o artistica potesse essere. Ebbene, è proprio osservando questi archivi scolpiti su pietra che ci si rende conto che le mani non sono tutte uguali, tutte della stessa dimensione. Si parla di bambini e ragazzi che, come i membri adulti del "Branco", apportavano alla loro comunità un aiuto concreto. A contro-riprova di ciò, Yuval Noah Harari (יובל נח הררי), saggista e professore universitario israeliano, sottolinea (all'interno del suo libro "Sapiens"), l'importanza dello sforzo collettivo da noi condotto nel nostro percorso evolutivo. Anche se il coraggio e l'individualismo avevano certamente una componente all'interno di tutto questo panorama, elementi fondamentali erano proprio l'unione e la volontà di restare con il proprio gruppo; restare nei paraggi quando si avvicinava un animale pericoloso ed utilizzare le abilità dei componenti della comunità come vantaggio e come sistema per migliorarsi e migliorare.

Abbiamo parlato di grotte, uomini, collettività e ibridi uomo-animale che iniziavano a comparire sulle pareti ma, non è finita qui. Shumon T. Hussain, professore di archeologia dell'Università di Aarhus, ha condiviso -per mezzo della piattaforma ResearchGate-, un immagine molto interessante e che può essere vista al link riportato in nota 6[6], una statuetta, proveniente dal già citato Aurignaziano, che mostra in tutto e per tutto un leone antropomorfo. Bipede, questa creatura mostra di avere un busto allungato, delle braccia più o meno proporzionate e un volto del tutto animale, proprio come l'arte attuale che viene prodotta ogni giorno dalla Comunità del Furry Fandom. Hussain contestualizza l'immagine introducendo due frammenti testuali che, a mio avviso, sono archeologicamente interessanti: "*[...] il leone delle caverne, è l'animale raffigurato più frequentemente nel campione di figurine dell'Aurignaziano svevo. I leoni sono rappresentati in modo naturalistico e con un alto grado di variazione artistica, sempre indicando un'enfasi individualistica, oppure appaiono come figure antropomorfe miste. A seconda che questi due gruppi siano fusi o meno, il leone delle caverne emerge come il motivo dominante, o il secondo più frequentemente realizzato - dopo il mammut -*" quindi, riprende, "*[...] figurine dell'Aurignaziano svevo incorporano una 'miscela' di leone e tratti umani: l'iconico 'uomo leone' di Hohlenstein-Stadel nella valle di Lone, il 'piccolo uomo leone' di Hohle Fels e l''adorante' di Geißenklösterle[7], [di cui] gli ultimi due siti nella valle dell'Ach. Tutte e tre le rappresentazioni sono state descritte come antropomorfe per statura e postura con una testa 'felido-morfica' e con caratteristiche meno definite e 'transizionali'. Questa logica rappresentativa punta all'offuscamento dei confini tra 'umano' e 'leone'*"[8].

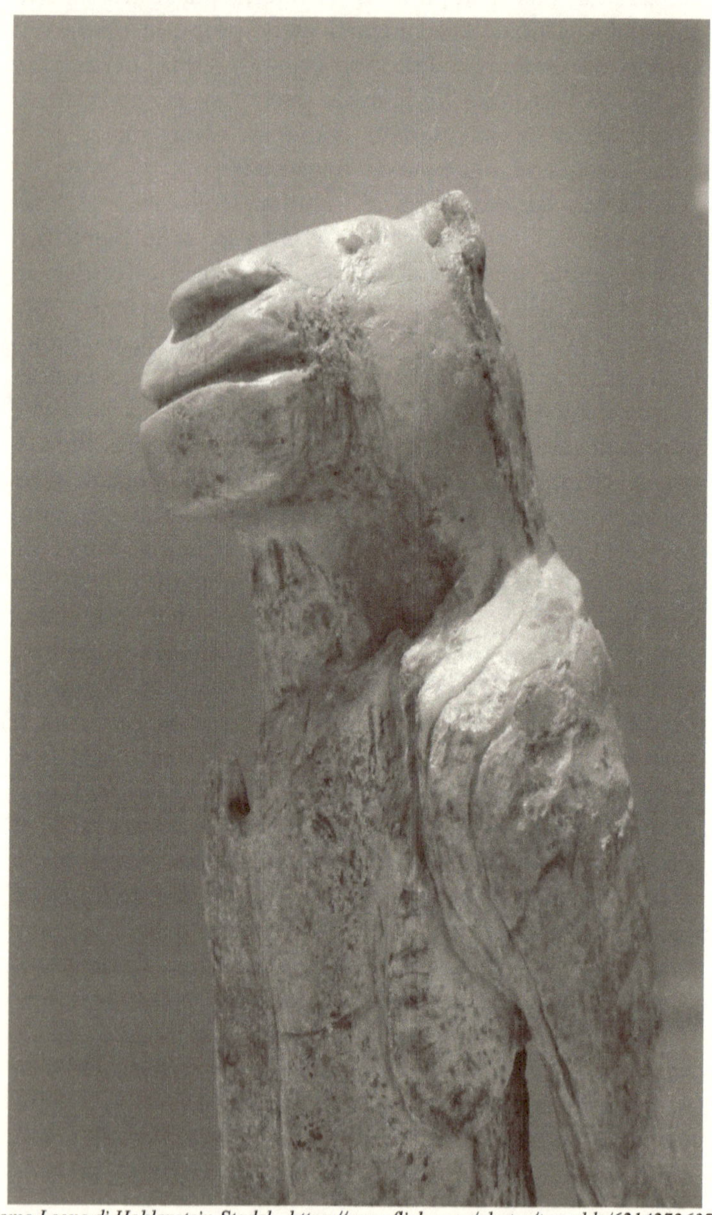

Uomo Leone di Hohlenstein-Stadel - https://www.flickr.com/photos/tusnelda/6214272637 - CreativeCommons

Ebbene, con il Neolitico (quello che alcune persone ritengono *"Il più grande errore della civiltà umana"*) l'uomo smette di muoversi per cercare provviste, quindi diventa sedentario. Siamo a circa 10.000 anni fa. La storia dell'uomo assume una piega completamente diversa: quella scimmia che viveva nelle caverne, a contatto con la natura, impara a dominare l'ambiente circostante, a piegarlo al suo volere, "addomesticandolo" letteralmente[10]. Anche se l'uomo cambia, la sua mentalità rimane però radicata al passato e, anche se molte usanze, molte sfaccettature della sua storia vengono eliminate o subiscono dei cambiamenti, alcune rimangono le stesse o, come nel caso dell'antropomorfismo e della visione dell'ambiente animale, vi sono delle evoluzioni.

Il Neolitico, e lo abbiamo studiato a scuola, è quel periodo della storia dell'umanità che -convenzionalmente- viene chiamato "Età della Pietra" o, per meglio dire, "Nuova Età della Pietra". Quest'ultimo rappresenta lo stadio finale dell'evoluzione non solo culturale ma anche tecnologica degli Esseri Umani preistorici. Caratterizzato da utensili in pietra modellati per mezzo di lucidatura o molatura, la comparsa dei primi animali domestici e l'insediamento nei primi villaggi permanenti, il Neolitico precede l'Età del Bronzo che, come si vedrà successivamente, darà vita ai primi strumenti in metallo[10].

Stando all'evidenza archeologica, i nuovi Esseri Umani passano dalla raccolta alla produzione del cibo. Tale fenomeno, iniziato nella Mezzaluna Fertile[11] (Egitto, Palestina, Fenicia, Assiria e Mesopotamia) si sarebbe quindi esteso gradualmente in Asia ed in Europa. E' proprio durante questo periodo che, come già accennato, si assiste alla prima forma di domesticazione animale che, stando ai resoconti archeologici, iniziò intorno al 9.500 a.C. nell'Asia sudoccidentale. I dati qui esposti portarono quindi i ricercatori ad ipotizzare un inizio della pratica di addomesticamento di molto anteriore[12]. Scavando più in profondità, ecco che le prime tracce di questa pratica, sia su frangente animale che vegetale, si ritrovano nel Vecchio Mondo, durante quello che viene chiamato "Periodo Mesolitico", la cui cultura materiale viene caratterizzata da uno slancio innovativo che pone le sue radici nel Paleolitico.

L'Essere Umano, rettifica Melissa Petruzzello, nonché i suoi colleghi di "Britannica", addomesticò per la prima volta il cane [miglior amico dell'uomo] 15.000 anni fa, in Asia centrale. Questo animale, da sempre affianco alla nostra figura, avrebbe aiutato quegli antichi uomini, i nostri avi, nella caccia, nella protezione[13], nonché nella raccolta di piante selvatiche commestibili. Per la domesticazione di animali di una classe diversa rispetto a quella dei canidi bisognerà però aspettare il già riportato 9.500 a.C., età in cui l'Essere Umano crea le prime pratiche di domesticazione nei confronti di capre, bovini e altri animali.

Abbiamo quindi un animale-uomo che inizia a prendere una certa consapevolezza in merito a quello che sa di poter fare. L'*Homo sapiens* inizia quindi a distaccarsi dal cluster degli animali, riconoscendosi come qualcosa di diverso; più evoluto, forse migliore. Con tale convinzione umano-centrica, l'Essere Umano guarda sì agli animali con rispetto, ma diviene del tutto incapace di identificarsi come uno di loro. L'animale è ciò che è al servizio dell'uomo, l'animale è una creatura diversa, qualcosa di effettivamente lontano rispetto a quella creatura creativa, capace di parlare e di lasciare un segno concreto sulla Terra che egli stesso abita. Ma le cose, di lì a poco, sarebbero cambiate...

L'animale è diverso, ma simile all'essere umano

A questo punto subentra l'intervento della Dottoressa Gerbasi che, all'interno della nostra corrispondenza, scrive: *"Gli umani, per secoli, per millenni hanno immaginato animali parlanti (e le* Favole di Esopo *ne sono un esempio). Gli animali rappresentano una grande parte della letteratura per bambini, soprattutto in alcune culture come quelle dei Nativi Americani, degli Indigeni, i quali credono nello* Spirito degli Animali. *Del resto, potresti aver sentito parlare di* San Guinefort, *un cane che, seppur per breve tempo, ha ottenuto lo status di 'Santo' direttamente dalla chiesa Francese"*[14]. Tale risposta alla mia domanda sulle origini ancestrali del Furry Fandom, apre quindi molte porte che potremmo utilizzare per approfondire il discorso sulla visione dell'animale da parte dell'uomo.

Tirando quindi le fila del discorso, abbiamo una creatura, l'Essere Umano, che -allontanandosi dalla sua realtà animale- rafforza ed amplifica il suo interesse verso quest'ultimo, come se fosse un mondo di cui non potrà mai entrare a far parte. C'è un qualcosa di contorto in questa visione; un animale che si dimentica di essere tale e che, proprio per questo, guarda alla realtà animalesca con stupore, come se fosse un *club* esclusivo, per pochi.

Prima di prendere spunto dalla mail della Gerbasi, ritengo opportuno effettuare dei ragionamenti o comunque riportare delle informazioni in merito a realtà più vicine a noi, più comuni e più semplici da comprendere. *De facto,* iniziare subito una discussione a ruota libera su Favole di Esopo, Spirito degli Animali e San Guinefort, potrebbe risultare pesante. Iniziamo quindi con qualcosa di semplice e di facilmente digeribile.

Proseguendo il nostro racconto sull'Evoluzione Umana, vediamo i villaggi accrescersi, le culture spostarsi, espandersi e conoscere delle mutazioni, arrivando quindi a quelle che sono le prime vere società organizzate della storia dell'umanità. Mi riferisco ovviamente alla civiltà Egizia, Azteca, Maya e Greca.

Per incominciare la trattazione e l'analisi di questi popoli inizierei con quello Egizio, il più semplice da analizzare per via del suo variegato Pantheon con componente "Animale". Ebbene, possiamo asserire con assoluta certezza che questa civiltà abbia per lo meno ispirato il mondo del Furry

Fandom. Ciò che ci porta ad asserire quanto detto, è proprio la spiritualità caratteristica di questo popolo, la quale sembrerebbe detenere un carattere quantomeno distintivo.

La componente *Furrica* della religione egizia trova la sua origine nel V millennio a.C. In questo periodo storico, il Neolitico Sahariano, viene a crearsi il circolo calendariale di Nabta Playa, luogo che venne scoperto da Fred Wendorf nel 1974 e studiato approfonditamente da McKim Malville nel 1977. Presso questo cerchio di roccia di tre metri di raggio circa e un metro di altezza, venne ritrovato un graffito realizzato dall'antico popolo di Nabta Playa. Questa raffigurazione mostrava quindi una divinità femminile dall'aspetto di vacca (simbolo della fertilità). Secondo gli studiosi, tale graffito sarebbe la testimonianza storica di un credo religioso che poi, con il tempo, si sarebbe evoluto, diventando il culto di Hathor[15].

Tralasciando quindi la storia egizia e la sua evoluzione, il Pantheon di questo popolo accoglie circa duemila divinità[16], di cui la percentuale più alta viene rappresentata da quelle con caratteristiche zoomorfe, una parola macedonia che unisce il termine greco ζῷον, altresì "Animale", a quello di μορφή, "Forma". Ebbene, l'antico Egitto ci mette a disposizione una documentazione e una serie di esempi concreti così ampia che sarebbe impossibile da analizzare nella sua completezza. Del resto, il modello tipo della divinità egizia -senza entrare in particolari accademici, per mezzo dei quali rischieremo di rendere la discussione prolissa se non addirittura futile- è quello della forma animale o, ancora, uomo-animale, una sorta di antropomorfismo. Le divinità egizie, infatti, fatte salve le rappresentazioni in cui vengono ritratte in forma completamente umana, possono essere effigiate per mezzo dell'animale che le rappresenta o del suo rispettivo antropomorfo. Ma perché gli egizi utilizzavano raffigurare le loro divinità, altrimenti chiamate Netjeru[17], come animali o antropomorfi teriocefalici[18]? Stando all'archeologia nonché alla documentazione che abbiamo ottenuto per mezzo degli scavi possiamo dare a questa domanda una risposta certa, senza la paura di ricadere nel dubbio o nella perplessità. Le divinità dell'antico Egitto, per mezzo della loro morfologia, della loro testa o per mezzo dell'animale che le rappresentava, erano in grado di emanare la propria identità[19]. Il ragionamento dietro a questo complesso sistema di identificazione del divino è piuttosto semplice da esplicare: nel guardare il comportamento degli animali, gli egizi riconoscevano in questi ultimi delle qualità particolari, le quali potevano riportare la mente a quelle di una determinata divinità e quindi di energia. Per fare un esempio in grado di dimostrare il ragionamento appena effettuato, è sufficiente immaginare una qualsiasi divinità del Pantheon e quindi cercare di capire perché venne raffigurata in quel modo. Sekhmet era vista come un leone per via della sua ferocia, difatti era accostata non solo alla guarigione, bensì anche alla guerra; Anubis, visto come il "Guardiano delle porte dell'Aldilà", era rappresentato come uno sciacallo, animale strettamente associato alla morte... quindi Thot, dio della conoscenza e della saggezza, veniva rappresentato il più delle volte come un ibis, un uccello che al tempo veniva visto come una creatura sacra, piena di saggezza.

McKenna Richardson, membro di Quora e del Furry Fandom, alla domanda "Vi sono degli esempi storici di cultura Furry precedenti agli anni '60?" replica dicendo che, pur non essendo completamente certo di identificarli come "Fenomeni Pelosi" (sic!), quelli dell'antico Egitto possono essere riconosciuti come dei validi esempi di cultura antropomorfa[20].

Realtà altrettanto interessanti possono essere quindi ritrovate oltreoceano, come nella mitologia Azteca. In questo mondo, ecco divinità che, pur essendo state idealizzate a miglia di distanza dall'Egitto, vengono rappresentate ancora una volta in forma animale. Si pensi dunque a Quetzalcoatl, dio protettore del sacerdozio azteco, dell'apprendimento e della conoscenza, la cui prima rappresentazione iconografica conosciuta risale al 900 a.C.: un serpente che si erge dietro una persona impegnata a compiere un rituale di natura sciamanica. Ad ogni modo, la prima cultura ad utilizzare il simbolo del serpente piumato come simbolo religioso e politico fu quella di Teotihuacan, dove le raffigurazioni del dio erano inizialmente zoomorfe, umanizzate quindi attraverso il tempo e la modifica culturale del popolo.

Ancora, in Grecia, la forma più diffusa dell'antropomorfismo era quella del Minotauro (Μινώταυρος), una creatura mitica rappresentata per mezzo di tratti taurini (testa e coda), nonché umani (il resto del corpo). In questo caso, fa notare Richardson, quella del Minotauro è la figura che -tra tutte quelle analizzate- si avvicina un poco di più alla realtà trasmessa dal Furry Fandom. Questo toro antropomorfo dimostra l'acume e l'intelligenza di un normalissimo Essere Umano, un bipedismo classico e quindi l'assenza di poteri o tratti che permettevano alla creatura di identificarsi come qualcosa di nettamente superiore rispetto a quest'ultimo[21]. Del resto, le vicende narrate da Ovidio suggeriscono una visione diversa del Minotauro che, non più bipede, cammina a quattro zampe poiché, da come si legge, diviene una creatura *'In parte uomo e in parte toro'*[22]. Rinchiuso in un labirinto, questa creatura passerà il resto della sua vita da sola, nel tormento quando, ad un tratto, si ritroverà uccisa dall'eroe Teseo.

Usciamo quindi da questa trattazione e dedichiamoci ad altri temi altrettanto interessanti. Di quel testo scambiato fra me e la Dottoressa Gerbasi, tre sono gli elementi che mi piacerebbe analizzare. Iniziamo quindi con il discutere delle Favole di Esopo (Αἰσώπου μῦθοι) e della narrativa per bambini che, ormai da molto tempo, è parte di quel patrimonio letterario condiviso da tutti. Le favole di Esopo, i racconti dell'infanzia che ritraggono gli animali come creature magiche in grado di parlare, sono fondamentalmente la base su cui il bambino fonda la sua cultura. Vede l'animale come una creatura più vicina all'uomo, umanizzata dalla parola nonché da un ragionamento reso umano in modo evidente, quasi palese. L'autore usa quindi tutti gli strumenti letterari a sua disposizione per umanizzare quella volpe dal pelo rossiccio che, incapace a superare la difficoltà, accusa il grappolo d'uva di essere acerbo[23].

Esopo, da quanto ci riferiscono alcuni studiosi[24], potrebbe essere una persona fittizia, un autore che in realtà non camminò mai sulla nostra Terra. Anche se gli antichi greci conoscevano bene questo nome e le opere ricollegabili a quest'ultimo, erano perfettamente consapevoli della sua inesistenza. Era uno pseudonimo di qualche altro autore? O forse era un nome "ombrello", che racchiudeva le opere di più menti creative che, insieme, avevano dato vita ad un personaggio storico della letteratura? Per aiutarci a rispondere a questa domanda potremmo quindi avvalerci dell'opera greca "Vita di Esopo", un testo pseudo-biografico in cui l'autore si immagina una storia realistica da ricollegare all'uomo o agli uomini che, dietro questo nome, producevano fantastiche favole che sono giunte sino a noi.

Anche se la Vita di Esopo potrebbe essere un documento inattendibile -e quindi futile al nostro caso-, risulta però interessante specificare un fenomeno. Edward W. Clayton, professore della Central Michigan University, espone un ragionamento molto interessante, ovvero che, per quanto i dettagli della vita di Esopo raccolti nell'opera omonima potrebbero essere del tutto immaginari, raccontano una storia che sembrerebbe distaccarsi dalla realtà a cui siamo abituati, ovvero che *"oggi si tende a tracciare una netta distinzione tra come un filosofo fa il proprio lavoro e come vive la propria vita, nell'antica Grecia e a Roma questo era molto meno vero. Ci si aspettava che il filosofo vivesse la propria vita secondo i propri principi, e di conseguenza ciò che si faceva (o si credeva di aver fatto) aveva un impatto reale su come veniva accolta la loro filosofia. Pertanto, la vita di Esopo può essere vista come un'incarnazione dei principi in base ai quali vive, e viceversa: possiamo conoscere le favole attraverso la 'biografia' della persona che le ha scritte, indipendentemente dal fatto che Esopo sia mai esistito o meno".*

Secondo le diverse versioni dell'opera "Vita di Esopo", le quali raccontano la stessa storia seppur omettendo alcuni particolari o stravolgendone degli altri, Esopo sarebbe stato uno schiavo di Samo, isola greca nell'Egeo settentrionale. Ebbene, quest'uomo -da come si evince nella lettura del testo- sembrava avere caratteristiche animali: era nato muto, incapace di parlare; era buono e il suo aspetto ricordava vagamente quello di un animale selvaggio. Nell'opera scritta da autori sconosciuti, viene messa in risalto quindi la sua intelligenza, nonché le sue capacità e le sue risorse creative. Un interessante parentesi che possiamo inserire in questa trattazione per dimostrare la furbizia ma anche le capacità comunicative che quest'uomo aveva, riguarda delle false accuse sull'aver mangiato dei fichi. Esopo, in questa situazione, per difendersi da questa calunnia messa in atto dagli schiavi sotto gli occhi del loro padrone, bevve dell'acqua calda, quindi vomitò. Questa trovata, che gli permise di provare la sua innocenza senza l'uso della parola, portò il suo padrone ad obbligare gli altri schiavi a fare lo stesso. Caso vuole che questi ultimi vomitassero frammenti di fichi. Esopo venne risparmiato, mentre gli schiavi finirono per essere picchiati brutalmente.

Stando alla storia, Esopo, incarnazione dell'animale all'interno di un corpo umano, aiuta una sacerdotessa di Iside -smarrita nel suo cammino spirituale- a ritrovare la sua strada, quindi viene ripagato concedendogli, scrive testualmente Clayton, *"il potere di inventare storie e la capacità di concepire elaborati racconti in lingua greca".* La capacità di trasmettere delle informazioni per mezzo della scrittura, portò quindi uno dei suoi sorveglianti a venderlo al mercato degli schiavi[25]. In questo luogo, Esopo venne ceduto al mercante ad un prezzo misero per via della sua bruttezza e, dopo diverso tempo, questi venne acquistato dal filosofo greco Xanthus. Ancora, appare interessante fare un approfondimento legato alla letteratura. Xanthus (Ξάνθος), infatti, non è solo il nome del filosofo greco che diventerà -nel corso del tempo- il maestro di Esopo, bensì è anche il nome del cavallo a cui, nell'Iliade di Omero, viene concesso il dono della parola[26].

Con l'acquisto di Esopo da parte del filosofo, la *Vita* dell'autore fittizio mostra le sue qualità relative a saggezza ed intelligenza che, per più volte, appaiono come qualcosa di superiore rispetto a quelle detenute dallo stesso Xanthus.

Il filosofo si troverà quindi a dover affrontare una serie di ostacoli che il suo acquirente gli metterà dinnanzi al suo percorso, sino a quando i concittadini di Xanthus non lo pregarono di liberare Esopo per interpretare un presagio del futuro. Egli riuscirà quindi ad interpretare vittoriosamente la profezia e verrà quindi riempito di onori che, conseguentemente, lo faranno diventare molto famoso. La sua popolarità porterà questo uomo-animale dinnanzi a personaggi di spicco che, affascinati dalle sue abilità, gli proporranno complicati enigmi nonché problematiche quotidiane che, puntualmente, Esopo riuscirà a risolvere. Le sue favole sono quindi l'elemento coadiuvante, quel processo creativo che lo accompagnerà per il resto della sua vita (seppur da *'Homo fictus'*[27]). Ma, dal momento che Esopo è effettivamente un *Homo fictus* in tutto e per tutto, perché rappresentarlo con origini così umili? Perché uno schiavo dovrebbe essere ricollegato alla fiaba dalla componente animale? In risposta all'interrogativo qui sollevato, vennero avanzate due diverse argomentazioni, entrambe molto interessanti e che -soprattutto- sembrano non escludersi vicendevolmente. In primo luogo, molti autori hanno notato che le favole, per mezzo dell'allegoria, riuscivano a nascondere significati per mezzo della semplice scrittura di un testo, permettendo così all'autore dell'opera di avere la possibilità di fornire dei messaggi ai suoi ascoltatori, senza però essere compreso da parti esterne. Una sorta di criptografia letteraria, si può dire. La seconda teoria proposta è quindi altrettanto interessante e si basa principalmente sulla visione dello schiavo, una creatura che veniva vista al confine di quello che era il regno umano e quello animale. Lo schiavo, brutto ed incapace di parlare, ma intelligente ed astuto, era quindi la riproposizione (appunto, in chiave allegorica) di quanto esplicato precedentemente: Esopo era l'incarnazione del regno animale fattosi uomo, quel "Ragazzo"[28] privo di identità giuridica che fa sentire la sua voce per mezzo dell'inserimento, all'interno di un racconto, la sua personalità. Si ritiene quindi che le favole in cui si vedono animali che parlano e che quindi si trovano sul confine tra il selvaggio e l'umanità, siano state pensate e scritte dai loro diretti opposti, ovvero uomini che non parlano e che si trovano tra l'umanità e il selvaggio. Una trasposizione letteraria, se non addirittura sul piano del concetto logico, che guida le meravigliose storie di questo autore fittizio.

Un analisi più approfondita del testo porta quindi ad accorgersi di un'altra componente: l'Animale rappresentato da Esopo non viene solo umanizzato, ma diviene una rappresentazione contestualizzata del lato selvaggio presente negli esseri umani. A proposito di ciò, il già citato Clayton ci scrive che *'È bene che Aristotele suggerisca che la vita più felice è quella trascorsa in pura contemplazione intellettuale o che Platone ci dica che la vita migliore è quella spesa perseguendo la conoscenza delle Forme del buono, del giusto e del bello, ma per la maggior parte delle persone questo tipo di filosofia non è disponibile, perché non hanno le risorse per perseguire la filosofia accademica. Per alcuni, collegare l'umano al divino è un'attività intellettuale allettante; la maggior parte di noi è più vicina all'animale che al divino e trarrà maggiori benefici da consigli formulati di conseguenza. Per tali persone, le favole che mettono insieme l'animale e l'uomo saranno molto più preziose della filosofia platonica o aristotelica'*[14].

A questo punto, la dottoressa Gerbasi ci permette di

scavare ancora più in profondità. Per mezzo della nostra corrispondenza, ella accenna allo Spirito degli Animali, credenza molto diffusa soprattutto tra i Nativi Americani. Qui, quando si pensa allo Spirito degli Animali e quindi alla forza della natura riproposta da questi ultimi, viene subito in mente quello che viene definito "Totemismo"[29].

Utilizzato per caratterizzare dei tratti sia nella religione che nell'organizzazione sociale di molti popoli, quello del "Totemismo" è un fenomeno che si manifesta in varie forme e in vari contesti, seppur rinvenibile maggiormente in quelle società o popolazioni di uomini in cui l'economia tradizionale si basa (o si basava) prevalentemente su caratteristiche quasi neolitiche dell'evoluzione: caccia e raccolta. Il termine Totem, ci dice Elizabeth Prine Pauls di Britannica, nasce quindi da un termine della cultura Ojibwa, "Ototeman", letteralmente "Il proprio fratello [e/o] sorella". La parola "Totem" come la conosciamo noi oggi verrà introdotta nella lingua inglese solo nel 1971, da un mercante e traduttore britannico che diede a questo termine un significato falso, ovvero quello di "Spirito guardiano dell'individuo che appare sotto-forma animale", in breve, lo "Spirito Animale" suggerito dalla Gerbasi. Il significato, seppur errato, non era poi così distante dalla realtà concreta; difatti, i clan Ojibwa suggerirono questa traduzione per via di una loro usanza caratteristica, elemento forse fondante della loro spiritualità comunitaria: la vestizione tipica, attuata per mezzo dell'apposizione di pelli animali su tutto il loro corpo.

Uno dei primi rapporti sul totemismo nel Nord America venne quindi steso da un missionario metodista chiamato Peter Jones. La sua utilissima opera, del resto, venne pubblicata dopo la sua morte, avvenuta nel 1856[29]. In questo testo, Jones aveva rielaborato una sua ferma convinzione, dicendo che il "Grande Spirito" aveva permesso ai clan Ojibwa di ottenere dei Toodaim (altresì "Totem"), permettendo a questi ultimi di diventare non solo membri di un gruppo, bensì di una grande famiglia[30].

Gli elementi interessanti che ci vengono dati dalla trattazione di questa credenza stanno proprio nelle radici che hanno permesso al totemismo di esistere e di essere riconosciuto in tutto il mondo come tale. Stando alle ricerche, il totemismo risulta quindi un complesso di idee e di reazioni comportamentali diverse, basate però su una visione del mondo mono-caratteriale, quella che analizza ciò che circonda l'essere umano sotto l'aspetto più naturale possibile. Vi è quindi una distinzione importante da fare, ovvero quella tra il totemismo di gruppo e quella del totemismo individuale, forme che condividono delle caratteristiche di base ma che si presentano con enfasi nonché con forme specifiche molto differenti. Pauls commenta questa conclusione dicendo che *"le persone generalmente vedono il totem come un compagno, un parente, un protettore, un progenitore o un aiutante. Queste gli attribuiscono poteri e abilità sovrumane e gli offrono una combinazione di rispetto, venerazione, timore reverenziale e paura. La maggior parte delle culture usa nomi ed emblemi speciali per riferirsi al totem e coloro che protegge si impegnano in un'identificazione parziale con il totem o in un'assimilazione simbolica ad esso. Di solito c'è un divieto o tabù contro uccidere, mangiare o toccare il totem"*[14-31]. Per fare un esempio, se io dovessi trovarmi all'interno del clan "Lupo", non potrei toccare, uccidere e nemmeno mangiare il mio animale protettore, salvo nel caso in cui non ci fosse altro animale a disposizione e io avessi davvero bisogno della sua carne. In quel caso, dice Frazer, l'uccisione del Lupo è possibile poiché estremamente necessaria... ma prima, durante e dopo l'uccisione dovrei pentirmi di aver fatto quella determinata azione (avrei concretamente ucciso il mio protettore). Ebbene, l'antropologo afferma anche l'inverso: se io non posso nutrirmi del Lupo perché appartengo ad un clan che riserva a questa creatura un certo rispetto, non posso obbligare i membri di altri clan -quindi con altri protettori- a fare lo stesso[32]. La Pauls riprende il suo discorso e lo completa, dicendo quindi che *"Sebbene i totem siano spesso al centro del comportamento rituale, è generalmente accettato che il totemismo non sia una religione. Il totemismo può certamente includere elementi religiosi in varia misura, così come può apparire unito alla magia. Il totemismo è spesso mescolato con diversi tipi di altre credenze, come il culto degli antenati, le idee dell'anima o l'animismo"*[14].

Come abbiamo detto precedentemente, il totemismo è suddivisibile in due categorie, quella di gruppo e quella individuale. Nella prima tipologia di totemismo, il clan inteso nel senso più ampio crea associazioni mistiche di specie animali e vegetali, nonché fenomeni naturali o oggetti creati con gruppi correlati al clan stesso. In questa visione, la trasmissione ereditaria del totem -che essa sia patrilineare o matrilineare (rispettivamente, di discendenza patrigna o matrigna)- l'attribuzione di nomi a gruppi di persone basati direttamente o indirettamente su un totem, quindi l'uso di emblemi e simboli totemici, sono tutti tratti fondamentali e che, a seconda del clan di appartenenza, si basano su regole differenti. Il totemismo collettivo è quindi una realtà comune, soprattutto tra i popoli dell'Africa, dell'India e dell'Oceania, quindi nel Nord e in parti del Sud America. Aborigeni australiani, pigmei africani e nativi americani, in particolar modo indiani della costa nord-occidentale, del nord-est e della California, sono tutti popoli che si prestano alla nostra trattazione come dei validi esempi per testimoniare la diffusione di questo tratto culturale.

Per quanto riguarda il Totemismo Individuale, la realtà posta alla base si fa diversa. In questo caso, il totemismo si identifica come una sorta di rapporto d'amicizia intimo che si crea tra una persona e il suo "alter ego" animale o vegetale. L'oggetto naturale che crea il suo legame direttamente con l'individuo è quindi il mezzo con cui il suo proprietario ottiene dei poteri speciali o che sono specifici della specie rappresentata dall'oggetto stesso. Si crea quindi tra i due attori quello che viene identificato come *Nagualismo* (dalla forma spagnola della parola azteca "Naualli", "Qualcosa di nascosto o di velato"[31] o, ancora, "L'essenza intima della divinità"[32]) che pone in essere una sorta di esistenza simultanea fra l'animale o l'oggetto naturale, alla sua persona. Il Nagualismo, la vicinanza tra uomo e natura, porta in questo caso ad uno stretto legame di vita, così stretto ed indissolubile che, la morte del partner o la malattia di quest'ultimo, porta congiuntamente alla morte o alla malattia dell'altra figura facente parte alla coppia[33].

Stando a Mircea Eliade di Britannica[34], gli studi condotti sulle pratiche sciamaniche ma soprattutto sulla storia dello sciamanesimo, indicano che il totemismo individuale potrebbe essere stato antecedente al totemismo di gruppo. Secondo l'autrice della ricerca riportata in nota 34[34], gli spiriti protettivi di un gruppo di persone traevano la loro origine da totem personali, provenienti da individui specifici. Del resto, è accertato il fatto secondo cui esiste ed esisteva la tendenza (almeno nei contesti totemici) di estendere un totem individuale all'intero clan. Eliade precisa dicendo anche che era ed è vero anche l'esatto opposto, ovvero non di trasmettere, ma di rendere tabù, per tutto un intero clan, l'intera specie animale a cui appartiene un determinato totem individuale.

Sembrerà quindi incredibile, ma il concetto di Totem viene anche trasposto nella realtà del Furry Fandom in modo simile, se non addirittura identico, a quello che abbiamo visto in questa trattazione. Quello che vorrei quindi riportare in questo dibattito interdisciplinare relativamente al "Mondo dei Pelosi", è quindi una doppia testimonianza che può essere ritrovata da tutti semplicemente facendo una ricerca sul web, quindi confrontando le fonti. In primis, vorrei citare una definizione della parola Totem presente nel portale simil-Wikipedia "WikiFur", che dice: *"Un totem, nel Furry Fandom, è un animale con il quale si ha una profonda affinità spirituale. Alcuni membri della comunità credono che i loro totem siano spiriti esterni, mentre altri preferiscono pensare che siano simboli che riflettono il loro sé interiore. Le credenze nei totem esistono dall'anno 3000 a.C., forse anche prima*"[14-34]. Basta però scavare un po' di più, *scendere nelle profondità dell'oceano più sconosciuto* per trovare materiale ancora più interessante e forse più pertinente alla nostra ricerca. Ad una domanda pubblicata su Quora, in cui si chiede se esistono dei collegamenti fra le comunità pelose, lo sciamanesimo o il totemismo animistico, si legge una risposta alquanto interessante ma che, per questioni di spazio[35], dovremmo approfondire in un capitolo separato.

Daniel Grant Wilks, membro del Furry Fandom dall'età di cinque anni (sic!), risponde alla richiesta dell'utente Quora facendo dei riferimenti alla comunità "Therian" del Furry Fandom, una branca di questa comunità che racchiude individui che, a livello spirituale, non si sentono Esseri Umani, bensì Animali sotto altra forma. Del resto, Wilks[36] conclude la risposta ricordando che esistono Nativi e persone provenienti da diverse culture che, per questioni spirituali, indossano vesti di pelle animale usate poi nei così chiamati "Powwow[37]" o cerimonie religiose affini.

Chiudiamo quindi questa lunga trattazione ispirata alla mail della Dottoressa aprendo una piccola parentesi relativa a San Guinefort.

San Guinefort è l'unico Cane Santo della Chiesa Cattolica Popolare Francese. Morto nel XIII secolo nei pressi di Lione, in Francia, e venerato localmente ogni 22 agosto, questo Cane, mai riconosciuto a livello ufficiale dalla Chiesa Cattolica, è stato in grado di fare dei "miracoli". Secondo la leggenda narrata da Stefano di Borbone, monaco domenicano del 1200, Guinefort il levriero apparteneva ad un cavaliere che viveva la sua vita in un castello vicino a Lione. Un giorno, il cavaliere andò a caccia, lasciando il figlio appena nato alle cure del levriero. Quando tornò, la stanza del bambino versava nel caos: il lettino era capovolto, il bambino era sparito e Guinefort corse dal padrone con le mascelle insanguinate.

National Pow Wow 2007 - Da un dipendente dello Smithsonian

Credendo che il cane avesse ucciso il figlio, il padrone uccise il cane quando, ad un tratto, sentì un bambino piangere. Suo figlio era nascosto dalla branda, accanto al corpo deceduto di una vipera: il cane aveva ucciso il serpente e salvato il bambino. Quando l'uomo si rese conto del suo errore, gettò il cane in un pozzo, lo coprì di pietre e piantò tutt'intorno ad esso delle piante, creando così un santuario.

Dopo questo avvenimento, Guinefort venne ammirato da tutti e riconosciuto come santo per la protezione dei bambini ("Neonati", in particolar modo). Stando a Stefano di Borbone, *"I contadini locali, venendo a conoscenza del nobile gesto e della morte innocente del cane, iniziarono a visitare il luogo e ad onorare il cane come martire in cerca di aiuto per le loro malattie e altri bisogni"*. Inutile dire che la Chiesa Cattolica cercò in tutti i modi di insabbiare l'avvenimento raccontato da di Borbone, finendo così per ottenere quello che viene definito "Effetto Streisand[38]": più la Chiesa ripudiava il cane, più i fedeli di quest'ultima né venivano attratti. La situazione arrivò quindi a decadere: la Chiesa decise di Ostracizzare i fedeli di Guinefort, quindi applicò delle multe contro la venerazione del cane[39-40]. I provvedimenti presi dalla gerarchia cristiana non furono però sufficienti, difatti è possibile ritrovare delle tracce (seppur sporadiche) di venerazione nei confronti di questo animale fino agli anni '70.

Conclusione della prima parte

A questo punto è quindi bene chiudere questa prima sezione sulle origini della cultura Furry più antica per fare un passo in avanti, quindi passare a quella che potremmo definire "Modernità".

Nella sezione che precede questa conclusione abbiamo difatti osservato un evoluzione umana che non perde mai di vista l'ambiente animale. L'uomo antico riservava a queste creature simili ma non uguali a quest'ultimo una serie di tratti più o meno positivi, caratterizzanti dello stato Selvaggio. Se da una parte abbiamo osservato la bruttezza del lato animale, ecco l'acume e l'intelligenza che, incorporati nella stessa entità, sembrano controbilanciare la visione stessa della belva. Abbiamo quindi la fiera come umile insegnante dell'umanità: utilizzata come attore principale di favole e racconti, questi è in grado di insegnare all'uomo qualcosa che difficilmente diverrebbe comprensibile ai più per mezzo di estenuanti lezioni di filosofia platonica o aristotelica.

La bestia come punto di incontro dell'uomo con la natura, l'animale come trasposizione del carattere selvaggio dell'umanità, la fiera come creazione intellettuale dell'Essere Umano, come contenitore di identità in cui il creativo può rifugiarsi. Le origini dell'uomo, trasportate in un contesto magico nonché divino, oggetto di umile devozione nonché estremo timore. Un gruppo riservato quello degli esseri animali, da cui l'uomo si è tirato fuori involontariamente per mezzo della sua evoluzione e della sua capacità di agire su piano concreto nella modifica del panorama naturale. L'uomo si fa quindi detentore del potere sull'animale, ma l'animale stesso viene ripresentato come umile e valido aiuto nel supporto del primo ["Il cane" N.d.A.]. Viste come creature sovente diaboliche in determinati contesti, appartenenti al mondo infernale[41], gli animali hanno rivestito -sin dalla comparsa dell'uomo- un ruolo preponderante nella costituzione della nostra stessa cultura. Divenuti santi, effigiati sulla pietra o ricollegati a personalità di spicco della religiosità umana (Sant'Antonio Abate e il suo maialino), il mondo degli animali viene dipinto come una relazione mutuale con quello degli esseri umani. Una relazione dinamica, benefica, che spesso finisce per influenzare le usanze o la cultura di uno o di entrambi gli attori.

Da semplici rappresentazioni a incarnazioni nonché emanazioni dell'energia che muove il mondo, da semplici oggetti atti all'alimentazione umana a trasposizioni della sua stessa natura, quindi insegnanti di vita incarnanti il bene, l'acume e l'innocenza fanciullesca, quella degli animali è una figura che riserva molte sfaccettature interdisciplinari. Architettura, arte, letteratura, musica e recitazione, nonché danza e canti, sono tutti elementi che hanno subito influenze radicali molto importanti e che hanno -per così dire- accompagnato l'uomo nella sua evoluzione.

Per chiudere questa trattazione, riportiamo una frase di Margherita Hack, astrofisica fiorentina: *"Gli animali son creature di questa Terra, sono nostri fratelli e quindi non è che si devon considerare oggetti a nostra disposizione. Sono esseri viventi che hanno capacità di amare e di soffrire e quindi dobbiamo trattarli proprio come fratelli, come fratelli minori"*[42]. ☐ ☐

1. P. Mellars, Archeology and the Dispersal of Modern Humans in Europe: Deconstructing the Aurignacian, Evolutionary Anthropology, vol. 15 (2006), pp. 167–182.

2. Antica forma di *Homo sapiens* che viene ascritta alle popolazioni umane moderne (Treccani.it).

3. Nel 1994 la scoperta della Grotta portò il mondo accademico ad una rivoluzione. Prima di quella data, prima di quella scoperta, gli studiosi non pensavano che, 36.000 anni fa, esistessero uomini in grado di rappresentare gli animali con un livello di perfezione così elevata. Lo shock, inutile da dire, portò ad un ribaltamento completo di tutte le convinzioni del tempo (artsandcolture.google.com).

4. La grotta di Lascaux, nel comune di Montignac risale, come quella di Chauvet, al Paleolitico Superiore... ma è molto più recente: ha circa 17500 anni (Magdaleniano, 19.000 - 15.000 Before Present). Ebbene, anche in questa grotta, il tema più ricorrente che gli studiosi hanno incontrato è proprio quello degli animali.

5. https://www.theguardian.com/artanddesign/2019/dec/12/humans-were-not-centre-stage-ancient-cave-art-painting-lascaux-chauvet-altamira

6. https://www.researchgate.net/figure/Cave-lion-and-hybrid-lion-man-representations-from-the-Swabian-Aurignacian-1-2_fig5_284721009

7. Geißenklösterle è un sito archeologico risalente al Paleolitico Superiore e si trova nei pressi della città di Blaubeuren nella

Germania Meridionale.

8. Estratto di Prehistoric Art as Prehistoric Culture (pp.45-58) Publisher: Archaeopress Editors: Primitiva Bueno-Ramírez, Paul G. Bahn.

9. https://www.bbc.com/reel/video/p0850nn0/was-this-humanity-s-biggest-mistake-

10. Zanichelli - Archeologia: teoria, metodi, pratica (1998) - Colin Renfrew e Paul Bahn

11. https://www.britannica.com/place/Fertile-Crescent

12. https://www.britannica.com/science/domestication

13. Si pensa che il cane non solo fosse utile per cacciare, ma anche per proteggere gli abitanti di un villaggio. Secondo gli studiosi, questi animali erano in grado di avvertire gli Esseri Umani nel caso in cui dei nemici o degli animali selvatici fossero entrati nel loro territorio.

14. Traduzione dall'inglese effettuata dall'Autore.

15. Natale Barca, Prima delle Piramidi: alle origini della civiltà egizia, Ananke, 2010, ISBN 978-88-7325-359-4

16. https://www.worldhistory.org/article/885/egyptian-gods---the-complete-list/

17. Forma plurale di Netjer, tradotto correntemente come "Dio", "Divino" o "Divinità" ma utilizzato più che altro per designare l'energia che l'entità rappresentava (https://www.kemet.org/taxonomy/term/123).

18. Letteralmente, "Che ha la testa da animale" (Treccani).

19. https://mythologyplanet.com/why-did-egyptian-gods-have-animal-heads/

20. *'I cannot be completely sure how to classify a 'furry phenomena', however I can indeed give many historical aliases to the concept of anthropomorphism and furry culture. Let us begin with ancient Egypt, which is by far the most diverse of all the anthropomorphic realms. In Egypt, the gods were portrayed, in their true form, as merely anthropomorphic animals. [...]"* (https://www.quora.com/Are-there-any-historical-examples-of-a-Furry-phenomena-or-culture-that-predate-the-1960s).

21. *"Pasifae diede alla luce Asterio, chiamato il Minotauro. Aveva la faccia di un toro, ma il resto era umano; e Minosse, secondo certi oracoli, lo rinchiuse e lo custodiva nel labirinto"* (Apollodoro, Bibliotheca 3.1.4).

22. *"Semibovemque virum semivirumque bovem"*, secondo Ovidio , Ars Amatoria 2.24

23. *Ἀλώπηξ λιμώττουσα, ὡς ἐθεάσατο ἀπό τινος ἀναδενδράδος βότρυας κρεμαμένους, ἠβουλήθη αὐτῶν περιγενέσθαι καὶ οὐκ ἠδύνατο. Ἀπαλλαττομένη δὲ πρὸς ἑαυτὴν εἶπεν· «Ὄμφακές εἰσιν.» Οὕτω καὶ τῶν ἀνθρώπων ἔνιοι τῶν πραγμάτων ἐφικέσθαι μὴ δυνάμενοι δι' ἀσθένειαν τοὺς καιροὺς αἰτιῶνται.»* altresì, "Una volpe affamata, come vide dei grappoli d'uva che pendevano da una vite, desiderò afferrarli ma non ne fu in grado. Allontanandosi però disse fra sé: «Sono

acerbi.» Così anche alcuni tra gli uomini, che per incapacità non riescono a superare le difficoltà, accusano le circostanze."

24. https://iep.utm.edu/aesop/

25. Difatti, temeva che questa nuova abilità dello schiavo lo avrebbe condotto a diventare una sorta di spia, capace di informare il suo padrone dei frequenti abusi sugli schiavi da parte dei sorveglianti.

26. Era, infatti, permise al cavallo di parlare per replicare alla richiesta di Achille.

27. *"Homo fictus"* di Forster è un termine che, nel libro di Jonathan Gosthaldt "The Storytelling Animal", "L'Animale racconta-storie", viene esplicato dicendo che rappresenta *"primati intrappolati nell'Isola che non c'è"*.

28. Gli ateniesi erano soliti chiamare gli schiavi "Ragazzi" -entità prive di identità giuridica-, "Andropodon", "Animale con i piedi da uomo" o, ancora, "Tetrapodonte", "Animale a quattro zampe" (Carocci - Democrazie greche: Atene, Sicilia, Magna Grecia - Maurizio Giangiulio).

29. Newton Compton - Totemismo - J. Frazer

30. Frazer scrive sul suo libro "Totemismo" che le relazioni interne ed esterne fra i clan erano e sono davvero complicate. L'antropologo precedentemente citato, come lo psicanalista Freud (Newton Compton - Totem e tabù, e altri saggi di antropologia - Sigmund Freud) e un altro ricercatore-etnologo molto famoso chiamato Claude Lévi-Strauss (Feltrinelli - Il totemismo oggi - Claude Lévi-Strauss) concordano nel dire che, essendo non solo un gruppo, bensì una famiglia, i membri dei vari clan non potevano intrattenere dei rapporti amorosi con compagni di "tribù", bensì dovevano unirsi con il membro di un altro clan, un altra famiglia. Il concetto, sui libri precedentemente citati, viene esposto in modo molto più dettagliato. Consiglio quindi al lettore che volesse approfondire l'argomento di proseguire la lettura relativamente al "clan" su uno di questi tomi. Essendo il tema di questo libro completamente diverso, eviterei di trattare in modo prolisso la discussione, finendo così per annoiare un lettore che, quasi certamente, non aveva intenzione di acquistare un saggio prevalentemente antropologico.

31. https://www.britannica.com/topic/totemism-religion

32. Newton Compton - Il ramo d'oro - Frazer James

33. *"Nella lotta contro i conquistatori spagnoli del Messico, i guerrieri aztechi erano sicuri che i loro nagual combattessero al loro fianco e li proteggessero; e anche i cronisti spagnoli raccontano che appena fu ucciso dal condottiero spagnolo il nagual del condottiero azteco, sotto forma di un grosso uccello verde, morì immediatamente il condottiero stesso. Si tratta in sostanza di un caso di totemismo individuale".* (https://www.treccani.it/enciclopedia/nagualismo_%28Enciclopedia-Italiana%29/).

34. https://en.wikifur.com/wiki/Totem

35. Parlare di Therian in un capitolo in cui si accenna alla realtà storica del Furry Fandom nonché della vicinanza uomo-animale mi sembra, come si usa dire nel gergo di internet, "Off-Topic", "Fuori Tema".

36. *"Actually yes there are therians And otherkin that are part of the furry community. Also there are natives from many lands that use totem fur suits that also are used in powwows and other religious ceremonies. For them they transform into their Higher self when they suit up"* (https://www.quora.com/Is-there-any-link-or-connection-between-the-furry-community-and-animistic-shamanism-or-totemism).

37. Il termine Powwow, nella lingua della tribù dei Narragensett, significa "Leader Spirituale". Nella cerimonia Powwow, o meglio raduno, i nativi del Nord America indossano stupendi costumi artigianali, molti dei quali caratterizzati dalla presenza di riferimenti al mondo animale (Animali, orecchie appuntite, pelo chiaro o scuro, piume d'uccello e similari) (https://www.jstor.org/stable/779841).

38. *"Diffusione vasta e incontrollabile di un'informazione come effetto del tentativo da parte di qualcuno di nasconderla"* (https://www.treccani.it/vocabolario/effetto-streisand_%28Neologismi%29/).

39. https://ultimatehistoryproject.com/the-cult-of-guinefort-an-unusual-saint.html

40. https://www.medievalists.net/2020/06/dog-guinefort-christopher/

41. https://rivistanatura.com/luniverso-degli-animali-nellinferno-dantesco/

42. https://www.frasicelebri.it/frase/margherita-hack-gli-animali-son-creature-di-ques-1/

Capitolo 2: *Origini ed espansione della cultura Furry (II Parte)*

Prima degli anni '90

Dividiamo questa seconda trattazione in tre parti, altresì prima, durante e dopo gli anni '90, utilizzando questo periodo storico vicino a noi come punto di riferimento. Del resto, fonti attendibili[1] suggeriscono che fu proprio alla fine del 1990, più precisamente Novembre, a nascere in modo concreto quella che possiamo definire "Comunità Pelosa".

Seppur le origini esatte relative alla nascita del Furry Fandom non siano chiare, alcuni sostengono che debbano essere ricollegate alla pubblicazione non solo del romanzo di Richard Adams "Watership Down"[2], (nonché il suo riadattamento cinematografico del 1978), ma anche al Robin Hood della Disney[3] del 1973.

La Walt Disney, intesa come studio di produzione di beni a sfondo ludico nonché cinematografico e letterario, diviene quindi un punto di snodo attraverso il quale molti utenti del Furry Fandom riconoscono le origini della propria comunità. Quella degli Aristogatti, del Re Leone, le avventure di Topolino e tutta la sua grande famiglia (interamente contraddistinta da caratteristiche animali riproposte in chiave umanoide [tranne per Pluto N.d.A.]), possono essere quindi reputate -almeno a primo acchito- delle pellicole che hanno permesso al Furry Fandom di fare il "boom" dal punto di vista della diffusione. Più recentemente, nello stesso Zootropolis (in lingua originale

"Zootopia"), si osservano attori che ricordano in tutto e per tutto gli "Anthros" (nel gergo del Fandom, gli "Antropomorfi", quindi "I Furries") prodotti e condivisi dalla comunità stessa. Dire però che la Disney sia riuscita in qualche modo a creare il Furry Fandom sembrerebbe però sbagliato. Già nel 1918, ben cinque anni prima rispetto ai Disney[4], quattro fratelli, i signori Warner, crearono degli studi di Animazione che poi, ben presto, sarebbero diventati diretti concorrenti dello "Studio dei cartoni animati dei fratelli Disney" (dal 1926, "Walt Disney Studio"); la Warner Brothers, più comunemente chiamata "Warner Bros."[5]. Se da una parte abbiamo il fantastico mondo di Topolino, nato su un treno, in un momento di riflessione, quasi per caso, dall'altro abbiamo una serie piuttosto famosa, trasposta in versione moderna grazie ai film "Space Jam", i "Looney Tunes". Anche in questa serie animata (nata nel 1930, parallelamente ai cortometraggi della Warner Brothers riconosciuti sotto il nome di "Merrie Melodies") troviamo la presenza di attori che presentano caratteristiche animalesche, mischiate in un certo qual modo all'umanità vera e propria. In modo del tutto opposto rispetto alla realtà presentata da Mickey Mouse, quella dei Warner presenta una certa complessità aggiuntiva: se da un lato vediamo la presenza del selvaggio rappresentata da Daffy Duck, Bugs Bunny, Porky Pig e Speedy Gonzales, dall'altra troviamo la realtà umanoide: Granny, proprietaria di Titti, Silvestro ed Ettore, tutti e tre umanizzati per mezzo di una voce e di un pensiero civilizzato. Segue quindi Yosemite Sam e Taddeo, cacciatore umano a tratti *idioti* che cerca in tutti i modi di uccidere Bugs.

Allontanandoci dalla realtà finzionale presentata dagli studi di animazione, entriamo in quella fumettistica in cui, ancora una volta, ritroviamo il pugno duro di Walt Disney. In una lettera datata 24 luglio 1929, Joseph Connolly, presidente della King Features Syndicate, scrisse a Ub Iweks, bracciò destro di Disney, nonché suo animatore, *"Penso che l'animazione del tuo* topo *sia una delle cose più divertenti che abbia mai visto nei film. Per favore, prendi in considerazione la possibilità di produrne un fumetto per i giornali. Se riesci a trovare il tempo per farne uno, sarò molto interessato a vederne alcuni esemplari*"[6]. La striscia fumettistica lasciò quindi lo studio di animazione il 13 gennaio del 1930, la cui sceneggiatura venne scritta da Disney in persona e il disegno prodotto da Iwerks. Nella striscia, il giovane topo ottimista e fantasioso sogna di diventare un aviatore come il suo eroe Charles Lindbergh [Umano N.d.A.]. Ebbene, in questo contesto, oltre al topo si trovano quindi altre creature del mondo dinseyano come, per esempio, quella di Orazio, un cavallo bipede.

Uscendo da Burbank, in California, quindi lasciandoci alle spalle il Campus Disney nonché il palazzo Warner, ricadiamo nella fumettistica che viene riconosciuta sotto il nome di "Underground". Quest'ultima iniziò a prendere piede dall'inizio degli anni '70 in poi, caratterizzata da fumetti di piccole dimensioni, auto-pubblicati e spesso di natura satirica, i quali si differenziano dai fumetti convenzionali per via del loro contenuto che, solitamente, si rivela essere vietato dalla Comics Code Authority. L'uso esplicito di droghe, la sessualità e la violenza (intesa nella sua componente più cruda) sono infatti temi popolari e che contraddistinguono i "Fumetti Sotterranei" dal resto del panorama proposto dalla nona arte[8].

Nel contesto proposto dagli Underground Comix, tra la fine degli anni '20 e l'inizio degli anni '40, degli artisti anonimi produssero una serie di fumetti pornografici contraffatti, rappresentando in questi ultimi personaggi popolari provenienti da altri fumetti, ma senza l'autorizzazione dei loro creatori. In questi fumetti, i personaggi popolari -animali, umani o antropomorfi- erano quindi impegnati in attività sessuali particolarmente esplicite[9]. Del resto, tutto questo potrebbe essere partito da quelle che venivano chiamate "Bibbie di Tijuana", fumetti della dimensione di un palmo di mano che andavano forte durante il periodo della Grande Depressione. Essi potrebbero essere stati i predecessori dei veri e propri fumetti underground che, in tutto e per tutto, comparirono sul panorama editoriale nella metà degli anni '60[10]. Già da questo periodo, i fumetti vennero distribuiti per mezzo di "Head Shop"[11], altresì negozi in cui venivano venduti accessori associati alla consumazione di Cannabis.

Una svolta storica all'interno di questo contesto, che quindi avrebbe portato verso la creazione effettiva del Furry Fandom, viene rinvenuta nel 1976, attraverso la creazione di un associazione di stampa amatoriale chiamata Vootie. In quest'ambiente, creato da una coppia di fumettisti, i fumetti nonché l'arte basata sull'animale e gli animali conoscono una propulsione mediatica, soprattutto nel mondo degli adulti[12]. Per quanto i soggetti utilizzati nelle raffigurazioni siano ispirati ad animali o animali antropomorfi, il tema trattato attraverso queste pubblicazioni -sempre e comunque nate dal contesto proposto dall'Underground Comix-, è a sfondo principalmente pornografico o comunque erotico. Ne è un esempio la famosa pubblicazione intitolata "'Omaha' the Cat Dancer", un fumetto erotico creato dall'artista Reed Waller nonché dalla scrittrice Kate Worley. Il fumetto si ambienta in Mipple City, una città fittizia in Minnesota popolata da personaggi animali antropomorfi. In questo racconto, la principale protagonista è "Omaha", una ballerina dalle sembianze feline nonché Chuck, il suo amante, figlio di un Tycoon. Su toonopedia.com, Don Markstein scrive che *"Contrariamente a precedenti trattamenti di fantasia delle lavoratrici del sesso, Omaha non era una perdente, ignorante e piena di disgusto di sé... le piaceva il suo lavoro, dove il suo genere non era un ostacolo all'essere trattata come un essere umano* (sic!) *[...]. Ha scelto la sua occupazione tra una serie di alternative, perché offriva indipendenza personale, nonché possibilità di esprimere la sua identità e la sua soddisfazione. Come donna, o qualsiasi altra cosa, che vive soddisfatta delle scelte di vita che aveva fatto, Omaha era ampiamente considerata un degno modello femminista"*[13-14]. Del resto, questa serie fumettistica fu la prima (nel corso degli anni '80) nel vedere, nell'interpretare e nell'utilizzare il sesso non come valore scioccante bensì come filo conduttore della trama. Oggetto di controversie sull'oscenità, "'Omaha' the Cat Dancer" è stato nominato più volte per l'Eisner Awards, il premio per il fumetto americano. Non immune da critiche, la produzione venne però stroncata da Alex Heard, scrittore di Entertainment Weekly, il quale scrisse che *"la storia si muove molto lentamente [...] si può facilmente essere d'accordo con il fan scontento che ha scritto: 'Mio Dio! Da dove hai dragato quegli orribili personaggi?'"*.

Nel corso degli anni, Vootie conobbe un piccolo seguito che man mano diveniva sempre più esteso. I collaboratori e la comunità dell'associazione misero quindi in scena diversi convegni, oppure si incontravano presso convention fatte da altri, sia che queste fossero incentrate sulla fantascienza che sul fumetto. Secondo il documentario "The Fandom", importante realizzazione del 2020 finanziata tramite Kickstarter con un budget di circa 32mila dollari (32.125$)[15], le radici della comunità Furry partirebbero proprio da qui, dall'unione di fantascienza e fumetto realizzata, in modo del tutto involontario, da quell'associazione chiamata Vootie. Stando a Fred Patten, scrittore e storico americano purtroppo deceduto nel 2018, *"il concetto del Furry è nato in un convegno di fantascienza nel 1980, quando un personaggio tratto da Albedo Anthropomorphics*[16] *di Steve Gallacci iniziò una discussione sui personaggi antropomorfi nei romanzi di fantascienza"*[17]. Fu proprio questo coloratissimo cocktail a portare gruppi di persone a creare convegni che parlavano della fantascienza a fumetti.

Ebbene, questa concezione, questo feeling con questo tema, all'inizio degli anni '80 portò alla nascita di Fanzine (letteralmente, pubblicazioni non ufficiali) destinate ad un pubblico che inizia ad essere caratterizzato da elementi condivisi. I qui chiamati "Fan Pelosi" sviluppano micro-riviste o comunque pubblicazioni periodiche che racchiudono informazioni, notizie e arte creativa visiva nonché letteraria che condivide il tema dell'animale antropomorfo o, più in generale, dell'animale umanizzato. Per mezzo di queste Fanzine, i Fan Pelosi riescono ad organizzare dei gruppi sociali che, a loro volta, crescono sempre di più. Per mantenere questo gruppo di persone coeso e con un interesse attivo nel mondo dell'arte fumettistica o comunque dell'arte creativa, vengono programmati degli incontri sociali che, per quanto piccoli o grandi, contribuiranno a solidificare e a far crescere sempre di più un fenomeno attualmente in continua espansione, quello del Furry Fandom.

In queste Fanzine del 1983, ecco comparire il termine attualmente impiegato per riconoscere queste comunità (appunto, Furry Fandom)[18], il cui significato sarebbe poi stato esteso ed utilizzato come identificativo di genere collettivo dalla metà degli anni '90 in poi. Lo stesso Patten identifica quindi la realtà che viene a crearsi come un fenomeno sociale collettivo, un *"apprezzamento organizzato coadiuvato dalla diffusione dell'arte e della prosa riguardo a 'Furries', o personaggi antropomorfi di mammiferi immaginari"*[14-19].

Con l'arrivo della metà degli anni '80, i Furries presero ad organizzare delle vere e proprie feste, nonché convegni sempre più grandi destinati ad omaggiare il tema di questa comunità. Ebbene, per mezzo di un post Twitter rilasciato da Chris Person e quindi condiviso su Daily Dot da Miles Klee[20], sono riuscito a recuperare il video della prima convention *"Furrica"* mai avvenuta in America, un evento che, secondo Person, assomiglia ad *"Un sequel terrificante di Trash Humpers (Sic!)"*, un film che la critica reputò *"impossibile da valutare"*, ottenendo così una valutazione media di uno su cinque. Il video (https://www.youtube.com/watch?v=ymFjgpcapx8), pubblicato da Prancing Skiltaire[21], presenta quella che viene chiamata "ConFurEnce 0 - Holiday Inn Bristol Plaza in Costa Mesa, California", datata 1989. Dal momento che non posso riassumere quindici minuti di filmato, sarebbe il caso di invitare il lettore a prendere direttamente visione del video stesso. Ad ogni modo, con la ConFurEnce 0, il fenomeno Furry si espande, ma siamo ben lontani dall'identificarlo come un evento globale. Difatti, scrive Klee, su novanta Furries che hanno dato risposta, solo sessantacinque si sono effettivamente presentati presso l'hotel, di cui uno, Bob Hill, con una FurSuit che, oltre a ricordare il Bondage o comunque pratiche feticiste, richiama tratti vagamente animaleschi. Hill, ad ogni modo, sembra essere l'unico invitato ad indossare un costume, questo perché per un espansione più diffusa della FurSuit bisognerà aspettare qualche anno, quindi la stabilizzazione di una comunità sempre più variegata e sempre più in espansione.

Gli anni '90

Con gli anni '90 il Furry Fandom si estende grazie all'arrivo della rete internet e dei computer domestici. Ebbene, fu proprio internet (quindi l'atto della sua invenzione e della sua liberalizzazione) lo strumento che venne perlopiù utilizzato dalle comunità pelose americane per "adescare" altri partecipanti da inserire all'interno del Fandom. Su USA Today viene riportato un articolo datato 2015 (ma scritto in tempi precedenti su un sito chiamato "USA Today College") dove, oltre a riportare la foto di un FurSuiter, si legge la dichiarazione di Chris Evans [Non l'attore, ma un ricercatore di malattie infettive dell'Università della Georgia N.d.A.] che afferma di essere egli stesso un Furry, ma per quale motivo? Egli spiega la sua scelta dicendo che *"Pur essendoci un involucro oltraggioso intorno alla comunità (…) quello che ha davvero suscitato il mio interesse è stata la parte artistica, arricchita da una tale quantità di creatività da essere invidiata da tutti gli altri Fandom. Non disegnavo opere d'arte da anni e questo mi ha dato l'iniziativa di ricominciare. Mi sentivo come se avessi un posto in cui potevo esprimermi ed essere ascoltato di nuovo*"[14-22]. Del resto, questa avanzata *Furrica*, che con la Conferenza zero sembrava richiamare solo una realtà pornografica valutabile uno su cinque, permise al Fandom di evolvere, accogliendo non solo gente dalla preparazione culturale-letteraria medio-bassa (che, come dice Spinazzola nel suo libro "Critica della lettura", è rappresentata per lo più dai lettori di fumetti), ma anche professori universitari e ricercatori.

Un peso deve essere quindi dato al fenomeno stesso della rete internet e dei suoi creatori, gli "inventori" del WWW, Timothy Jhon Barners-Lee e Robert Cailliau*, insigniti del premio Turing nel 2016. Grazie a loro, il World Wide Web accolse in ben poco tempo una mole così elevata di informazioni da raggiungere anche i membri del Furry Fandom che, a loro volta, pensarono di utilizzare lo strumento a loro favore. Piegando il linguaggio HTML con cui era stata creata la prima versione della rete[23], venne aperto per la prima volta un portale online a tema Furry, il newsgroup chiamato "Alt.Fan.Furry", il quale vide la luce nel novembre del 1990[24]. Insieme al gruppo, ecco che vennero a crearsi quelli che vengono chiamati MUCK, luoghi virtuali in cui le persone potevano entrare per parlare o condividere pensieri... gli avi dei forum-online o dei Social Network. Ebbene, uno dei primi MUCK a tema Furry venne creato nello stesso mese in cui nacque "Alt.Fan.Furry". FurryMUCK, creato dai residenti della Furry Home presso Squirrel Hill, diventa quindi un luogo importante non solo per i giochi di ruolo, bensì anche per la realizzazione di eventi del Fandom nella vita reale[25]. Nel contempo, qualche tempo dopo, a Dicembre, Alt.Fan.Furry viene lanciato nella gerarchia Usenet[26], diventando così il primo newsgroup mondiale dedicato al Fandom. Fortunatamente abbiamo ancora la possibilità di accedere a questo gruppo (ora disponibile su "GoogleGroups"), quindi possiamo trovare il primo post ufficiale del gruppo scritto da Alan Taylor, suo creatore.

Riproposizione del primo messaggio di alt.fan.furry.

Ebbene, il post pubblicato con il titolo *"creation of alt.fan.furry"* al 17 dicembre del 1990 dice: *"Ok... ma cos'è questa roba? Non lo so nemmeno io. Forse piacerà ai miei gatti"*[27].

A questo punto, il Fandom viene lanciato. Quella che almeno inizialmente non sembrava nemmeno una strada da percorrere, si è trasformata improvvisamente in un autostrada a doppia corsia. Il codice di internet trasmetteva informazioni costantemente per informare i membri di Alt.Fan.Furry delle novità: il contatore delle iscrizioni saliva rapidamente e i commenti si facevano sempre di più, come i post, i topic e le informazioni che potevano essere trovate all'interno del gruppo. Bastò un gruppo su internet, più precisamente un MUCK, per riuscire a richiamare l'attenzione di Americani provenienti da qualsiasi città. Tutti erano connessi, ma ancora non sapevano verso cosa avrebbero puntato.

Il fenomeno del Furry Fandom americano conobbe una grande espansione direttamente nel 1991, permettendo così, alla fine dello stesso anno, di inviare informazioni in lingua inglese agli amici britannici che, già dal 1992, crearono il "First British Furry Micro-Con" presso la casa di Ian Curtis [Non il cantante, bensì uno scrittore N.d.A.]. Quest'uomo risulta quindi importante per il Furry Fandom europeo, difatti fu la prima persona a prendere e ricreare il Fandom su base americana in Europa. La sua idea, ovvero quella di riproporre la cultura *Furrica* in un luogo così distante da dove prese vita, permise alla comunità stessa di espandersi, raggiungendo letteralmente paesi oltre oceano. Quando Curtis morì, pochi mesi fa rispetto alla scrittura di questo libro, sul forum FurAffinity vennero pubblicati alcuni testi in memoria di ciò che aveva realizzato[28]. Curtis, del resto, è la personificazione della diffusione culturale di cui tanto si parla nella geografia umana[29]. Fu Curtis -sfruttando l'invenzione di Barners-Lee- a prelevare delle informazioni per poi riproporle in un luogo dove prima non vi era nulla di correlato, macchiando -per mezzo del tratto culturale pervenuto tramite la rete- il suolo inglese, instaurando così la diffusione gerarchica di quello stesso tratto per mezzo del passa-parola. Ebbene, da quella piccola convention fatta a casa sua, Mayfurr, utente di FurAffinity che ha partecipato alle convention in cui Curtis era presente, lo ricorda dicendo che *"Ian aveva molte conoscenze e storie sui primi giorni del Fandom nel Regno Unito, ed è sempre stato un ospite amichevole e accogliente"*[30].

Due anni dopo, nel luglio del 1994, la comunità inglese del Furry Fandom diede il via al primo congresso, lo UKFurCon che, con solo quindici partecipanti, venne tenuto presso l'edificio situato in Owenford Road 13, Coventry[31]. In questo ambiente, dice il già citato Fred Patten, parteciparono non solo londinesi o comunque britannici, bensì anche una persona proveniente dagli Stati Uniti nonché un'altra, probabilmente una ragazza, residente in Germania. Nello stesso anno, Trish Ny organizzò FurTasticon, un altra convention britannica presso l'Holiday Inn di Philcon, nonché prototipo di quello che poi sarebbe divenuto L'"EuroFurence". Nel frattempo, internet si riempì sempre di più di spazi e comunità dedicate alla trattazione del tema proposto dal Furry Fandom[32]. Sostanzialmente, quello a cui Curtis diede vita non fu altro che un effetto domino che non solo si ripiegò sull'Inghilterra, bensì anche sulla rete internet europea e quindi sugli europei.

Il fenomeno del Furry Fandom iniziò a diventare di interesse scientifico: gli studenti universitari e i ricercatori volevano capire di più riguardo al fenomeno sociale che si stava verificando davanti ai loro occhi. Se il giorno prima i campus sembravano luoghi normali in cui si studiava e si faceva ricerca, il giorno dopo diventarono luoghi di dibattito in merito ad arte pelosa nonché opere d'arte tematizzate sul mondo animale. *Cosa stava succedendo alla gente?*

A prova della situazione vissuta dall'Inghilterra, dall'America e dall'Europa stessa, abbiamo una tesi accademica, scritta da uno studente della Mississipi State

University, che discute dell'origine del fenomeno. Pubblicata nel duemilaotto, il documento asserisce che *"le prime convention pelose non erano di natura sessuale e all'epoca non c'erano tanti uomini omosessuali o bisessuali nel Fandom"* ma, prosegue la trattazione dicendo che *"verso la metà degli anni '90, l'influenza dell'Hentai fece sì che il Fandom peloso iniziasse a svilupparsi come una sottocultura sessuale"*[33].

Con il '95, il Furry Fandom si estende per due principali ragioni: se da una parte vediamo la nascita di altre due conferenze, altresì ConFurence East di Trish Ny, nonché l'Eurofurence in Germania (e nell'Europa politico-economica), dall'altra abbiamo la pubblicazione di film che, come protagonisti, vedevano personaggi antropomorfi o con caratteristiche umane; primo fra tutti, il Re Leone. Di questo film nacquero quindi due angoli di internet creati apposta per collegare i fans della pellicola (The Lion King Fan-Art Archive e The Lion King MUCK), la cui esistenza verrà supportata da altri siti web come, per esempio Mia's Index of Anthro' Stories, Internet Furry Proximity Locator, Transformation Story Archive e VCL, gli ultimi due dei quali diventeranno i primi due grandi archivi di materiale mediatico (creativo o fotografico che sia) inerente al mondo del Fandom. In questo anno vedrà la luce anche YiffNet, sito deceduto nel novembre del 2001, dove il termine "Yiff" aveva il significato di "Saluto esuberante", non certamente di "Attività sessuale consumata in compagnia altri Furries" o, ancora "Materiale pornografico relativo al Furry Fandom", significato attuale[34].

La situazione si evolve ancora negli anni successivi: tra il 1996 e il 1999 vengono create altre convention (come quella di Anaheim in California[35]), si apre un nuovo gruppo chiamato Alt.Lifestyle.Furry incentrato sullo stile di vita della comunità del Furry Fandom e quindi vengono aperti FurRing e FurCadia, nonché Yerf, Orlando Furry Archives e FurNation. Questi ultimi tutti server, spazi sociali o comunque comunità, il cui scopo era quello di creare ambienti virtuali liberi, all'interno dei quali era possibile parlare o condividere materiale direttamente con gli altri membri del Fandom.

Nel frattempo, il Giappone risentirà del *FurryVirus* e si piegherà al volere culturale occidentale, questo creando FANG, una comunità online creata da Hakuga che aveva e ha il compito di avvicinare i membri del Fandom giapponese[36] ai personaggi antropomorfi asiatici, i Kemono. Simile al FurNation americano, FANG fornisce hosting a 106 siti giapponesi incentrati sul Furry Fandom, oltre che mettere a disposizione una vera e propria barra di ricerca per navigare in tutta tranquillità tra i contenuti di un sito e quelli di un altro. Una vera e propria comunità centralizzata intorno al server FANG, in cui tutto diparte da un unico e grande nucleo centrale.

Con la fine degli anni '90, la comunità del Furry Fandom si trova dinnanzi ad uno slancio garantito dai Mass Media americani e non solo. Per la prima volta, il New York Times, Kare 11 e NPR riferiscono di una sotto-cultura che gradualmente -seppur molto rapidamente- si diffonde in tutto il mondo[37]. Mentre AnthroCon prende vita a Pittsburgh, in Pennsylvania (siamo nel 1997), la gente guarda al fenomeno del Furry Fandom con fascino e sgomento. A causa della sempre più crescente componente di natura sessuale, nonché della cattiva reputazione del Fandom, un gruppo chiamato Burned Furs (pellicce bruciate) il cui approfondimento è disponibile nell'ultimo capitolo di questo testo, cerca di ribaltare la situazione, imponendo un regime dittatoriale all'interno della comunità, questo per debellare ogni traccia di contenuto pornografico in essa visibile. Del resto, i Burned Furs sostenevano che gli aspetti sessuali presenti nel Fandom erano realizzati principalmente sul filone omofobico[33].

Il Fandom, da comunità sociale che era, iniziò a vivere quindi un periodo di intensa destabilizzazione interna, provocata da critiche pesanti contro il cambio concettuale dell'arte nonché dal livello di pornografia, il quale sembrava accrescersi sempre di più. Ad ogni modo, anche se tutto sembrava remare contro, in Russia -alla fine degli anni '90- comparve il primo evento "Peloso" del paese. Il RusCon, che si tenne a Mosca il 26 febbraio del 1999, non era altri che una banale festa di compleanno comprendente sei partecipanti[18].

Dopo gli anni '90

Con gli anni 2000, le convenzioni del Furry Fandom per creare le così chiamate Convention esplodono, arrivando ad un totale di oltre le trenta unità. Nel contempo, la creazione delle convenzioni, il miglioramento della rete internet, l'attribuzione a quest'ultimo di un sistema più User-Friendly, permise al Fandom di estendersi ancor più rapidamente rispetto a quanto accaduto precedentemente. Del resto, in questo periodo abbiamo la nascita di più fazioni, le quali rendono la narrazione delle vicende accadute all'interno della comunità molto più complesse. Nel 2007, per esempio, anno in cui la visione del Furry Fandom tendeva al negativo, vennero create su YouTube le così chiamate "Guerre Pelose", altresì "Furry Wars". Questo termine, usato per riferirsi ad incidenti fra troll (nel gergo di internet, "Provocatore") anti-Furry, racchiude quindi una lunga trattazione relativa a hacking di account YouTube appartenenti a membri del Furry Fandom. Quando l'evento prese luogo, la piattaforma YouTube fondata da Chad Hurley nel 2005, era già stata acquistata da Google[38]. L'azienda americana con sede a Mountain View si trovò a dover contrastare questo cyberbullismo in prima persona. Anche se ci sono diverse testimonianze relative ad alcuni miglioramenti, non si conosce bene come l'azienda di Larry Page e Sergey Brin fu in grado di risolvere il problema.

E' opinione diffusa che le Furry Wars siano nate dall'utente di YouTube Soki Twopaw (Artista, Furry, Therian e performer) che, stufo dei commenti negativi e diffamatori nei confronti dei suoi video, promosse l'idea di una rivolta pelosa contro i troll di YouTube. La sua dichiarazione si trasformò quindi in un Ultimatum che rese disponibile online direttamente tramite il suo canale[39].

Se la Furry War rappresenta massivamente la descrizione di ciò che accadde nel 2007, quello che accadde prima è rappresentato più che altro dalla nascita di nuove conferenze nonché convenzioni come, per esempio, quella di Duckon (Midwest FurFest), il CaliFur, il Furry Weekend Atlanta, l'ultima ConFurence, le varie EuroFurence (una all'anno) e il MiDFur, meetup che, dopo la sua creazione nel 1999, si aggiorna, diventando un vero e proprio convegno che, nel corso del tempo, avrebbe acquistato il titolo di "Più grande Congresso di Furry Fandom di tutto l'emisfero australe".

Ad ogni modo, bisogna inserire tutte queste evoluzioni interne del Fandom in un contesto prettamente negativo; tanto negativo che il fatto di vedere anche solo un animatore vestito da animale portava la gente a girare lo sguardo da tutt'altra parte. Stiamo parlando quindi di un paradosso: se da una parte i Furries aumentano, se da una parte il Furry Fandom si espande, dall'altra abbiamo esterni che detestano questi ultimi nonché l'ambiente da loro promosso. Tali convinzioni stereotipate in merito al Fandom sono da ritrovare proprio nelle riproposizioni mediatiche offerte dai Mass Media che, seppur non esclusivamente, hanno avuto un ruolo piuttosto ridondante e pressante nel definire la comunità *Furrica* come *"un gruppo sessualmente deviante"*[40].

La prima menzione che i Mass Media espressero a fini di contrasto per abbattere (più o meno volontariamente) il Fandom dei Pelosi, è quella che viene riproposta da un episodio di Sex Y2K chiamato "Furries and Plushies", poi potenziato da un articolo di Vanity Fair pubblicato nel marzo 2001 ("Pleasures of the Fur", "I Piaceri della Pelliccia") che promosse la visione stereotipata della comunità, descrivendola -riporta Daily Dot- come *"Una comunità composta da persone che dimostrano affinità sessuali con il mondo animale [Zoofilia erotica, N.d.A.]*"[41]. Tale riflessione da parte del Vanity Fair e quindi dell'idea generale che caratterizzava il mondo del Furry Fandom, l'azienda Yhaoo di Jerry Yang e David Filo si impuntò e prese dei provvedimenti. Alla fine del 2002, i tecnici del motore di ricerca riuscirono a censurare quasi totalmente i siti pelosi dal loro indice, affossando la Comunità Furry nonché la sua diffusione. Il colpo finale verrà dato dallo spettacolo televisivo CSI: Crime Scene Investigation che, cavalcando l'onda, mise in scena l'episodio "Fur and Loathing"[33]. In questa puntata, scritta dallo sceneggiatore Jerry Stahl e diretta da Richard J. Lewis, il punto focale della narrazione si scioglie per mezzo del ritrovamento di un'autista donna deceduta. Per risolvere l'omicidio, Grissom e Willows si ritrovano a dover fare visita ad una FurryCon. In questo ambiente, i protagonisti del telefilm scoprono che -al di sotto dei costumi colorati e presumibilmente innocenti di queste persone- si nasconde qualcosa di sessuale e feticistico. Ebbene, potrebbe essere semplice casualità ma, il regista di Toronto Michael McNamara, si espresse riguardo alla sceneggiatura dicendo che *"ritraeva la comunità (Furry) come una comunità di devianti sessuali a cui piace fare sesso in costumi di pelliccia"*. Egli, del resto, fu una di quelle persone che prese parte al progetto del documentario relativo al Fandom. Per questo motivo, espresse seria preoccupazione in merito all'episodio che, come si legge dalla sua dichiarazione, *"si finisce per dare una cattiva reputazione a tutto il Fandom, rendendo così i suoi componenti nervosi e quindi timidi con la telecamera. E' stato difficile ottenere la loro fiducia"*. Per quanto riguarda la devianza, egli scrive che *"probabilmente rappresenta circa il due percento del Fandom, ma ovviamente è quella a cui la stampa dà più peso"*[14]. Se quindi in Francia si diede il via alla prima Convention, sul sito 4Chan vari utenti presero a deridere i membri della comunità, criticando i Furries nonché il loro stile di vita.

Con il 2004, RusCon divenne RusFurRence, diventando così una convenzione formale, quindi venne creato AnthroAsia, il quale portò alla crescita e all'estensione della cultura Furry in tutto il sud-est Asiatico. Polonia, Repubblica Ceca e Giappone, nonché Australia e Nuova Zelanda, si ritroveranno ad ospitare nuovi gruppi Fandom subito negli anni successivi, dal 2005 al 2007. Dal 2008 al 2009, altri paesi -per mezzo dei gruppi online- crearono le loro convenzioni. Filippine, Brasile, Ucraina, Svizzera e Colombia, inizialmente neofite nel campo del Furry Fandom, si ritroveranno ad ospitare conferenze o comunque congressi con una certa frequenza.

Uno dei passi più importanti del Furry Fandom avvenne però nel 2005, anno in cui gli utenti "The Dragoneer" e "Alkora" lanceranno la "Frost Dragon Art LLC", società detentrice della piattaforma web FurAffinity, attualmente la più grande comunità Furry di tutta la rete e di tutto il mondo. FurAffinity, che ben presto sarebbe diventata la galleria d'arte social furry più grande del Web, avrebbe promosso l'estensione della cultura Furry grazie alla sua complessità strutturale nonché articolazione interna, in cui l'internauta diviene in tutto e per tutto centro focale della piattaforma, motore della comunità, per mezzo della quale -grazie alle così chiamate "Commissioni"- può anche guadagnare qualcosa, riuscendo così a pagarsi gli studi del college, dell'università, dell'accademia o anche qualche piccolo sfizio (una sorta di NewGrounds creato da Tom Fulp, trasposto però in chiave pelosa). FurAffinity non rappresenta quindi il social classico, il forum tradizionale o la piazza virtuale tipica, bensì rappresenta una vetrina che punta gli occhi sulla comunità Fandom nel contesto più generale, supportando il frangente artistico nonché comunitario di quest'ultima[42]. Nello stesso anno, oltre alla creazione di FurAffinity, nasce un secondo grande portale informativo creato su Wikia; WikiFur, creato a giugno del 2005 da un utente chiamato GreenReaper: Laurence Parry.

Su quest'ultimo, le comunità Furry, grandi o piccole che siano, crearono degli spazi multilingua in cui gestire gli inserimenti o gli articoli. Difatti, nel 2008, la WikiFur inglese raggiunse le 10.000 pagine informative, portando così Parry ad effettuare una migrazione su dominio wikifur.com.

Nel 2009, a dicembre, uno dei più vecchi siti web inerenti alla cultura trasmessa dal Furry Fandom, FurNation, venne chiuso, quindi sostituito con un social network attualmente attivo che porta lo stesso nome.

Con l'arrivo del 2010 l'interesse scientifico per il Fandom e quindi per la psicologia sociale e la cultura popolare inizia ad ingranare la seconda marcia. Con la pubblicazione di studi seri, condotti da professionisti e ricercatori, l'immagine del Fandom viene leggermente ristabilita. Se con il 2011 sono apparse Scozia, Danimarca e Finlandia delle convenzioni pelose, queste ultime si ritroveranno anche in Italia, più precisamente dal 2012[18].

Il contesto interno del Fandom cambia radicalmente: l'età media dei componenti della comunità si abbassa, gli orientamenti sessuali dei componenti divengono più vari e l'elemento pornografico come elemento fondante inizia a dissolversi. Secondo una discussione condotta su FurAffinity, il Fandom era diventato più giovane a causa di un conflitto intergenerazionale che ha portato alla ribalta i membri più anziani e quelli più giovani della comunità. Questo shift radicale avvenuto nella componente demografica ha quindi portato il Fandom stesso a variare le sue visioni d'insieme. Secondo delle storie, difatti, alcuni giornalisti di varie testate giornalistiche si imbucavano all'interno delle Convention per trovare qualcosa "da mettere sotto i denti". I reporter, con i loro tentativi di entrare in queste FurryCon camuffati da membri del gruppo, cercavano materiale pornografico, sesso in pelliccia, eventi feticistici o bondage, quindi comportamenti devianti da descrivere nei loro articoli acchiappasoldi... ma tutte le volte che lo facevano, riferiscono Simon J. Bronner e Cindy

Dell Clark in "Youth Cultures in America", andavano via dall'evento delusi. Secondo il Daily Dot, nel 2019 l'odio verso i Pelosi ha incominciato a morire[43], tant'è che Rolling Stone afferma una crescita incontrastabile di quelli che sono i membri della comunità sotto il nome di "GenZ" (nati tra metà degli anni '90 e inizio degli anni '2010). La spiegazione, dice Dickson nel suo articolo in nota 44[44], può trovarsi nella cultura di internet che, con il tempo, diventa sempre più articolata e complessa di quella che si era generata con l'apertura del WWW. Dickson è infatti del parere che i bambini, ragazzi, nonché giovani adulti appartenenti alla GenZ, sono più propensi ad avvicinarsi al Furry Fandom per motivazioni che sono da ritrovare nella cultura geek della rete.

Per cercare di comprendere meglio la situazione e perché il Furry Fandom si trovasse a vivere una situazione del genere, dove dall'abbattimento più traumatico si ritrova ad essere più apprezzato, ho cercato di esprimermi direttamente su Quora, andando a caccia di informatori. Ebbene, alla domanda "What aspect of Furry Fandom is progressively improving? And which one is progressively getting worse?", quindi *Quale aspetto del Furry Fandom sta migliorando? E quale sta peggiorando?*[45], Dakota Johnson [Che *penso* non essere l'attrice di "Cinquanta Sfumature di Grigio" N.d.A.] mi risponde dicendomi che *"la visione generale dei Furry da parte delle persone normali sta decisamente migliorando. Sta succedendo lentamente, ma stiamo diventando più accettati"*, quindi prosegue la sua esposizione spiegandomi che *"Ci sono ancora molte persone che associano i Furry agli zoofili, ma possono essere perdonati [...] hanno solo bisogno di una formazione sull'argomento. Stiamo lentamente correggendo questa posizione aiutando queste persone a comprenderla meglio"*[14]. Ci troviamo quindi in un annata dove AnthroCon conta per la prima volta non dieci, non venti, non cento ma ben quattromila partecipanti, tremila in più della stessa EuroFurence che, ad ogni modo, in Germania, inizia a prendere molto piede.

Furry Parade presso Eurofurence 19 - Torsten Maue (CreativeCommons)

Del resto, stiamo ancora parlando di quel periodo in cui i giornalisti tentano in ogni modo di screditare il Fandom, questo arrivando addirittura ad appoggiandosi ad un attacco di gas-cloro presso uno degli hotel in cui, nel 2014, venne tenuto il Midwest Fur fest.

Ebbene, non tutto è oro quel che luccica. Se siamo in un momento della storia del Fandom dove gli altri, le aziende maggiori o comunque personalità di spicco, lavorano -seppur involontariamente- a rendere più famoso il Fandom (il lancio di The Elder Scrolls V: Skyrim, la pubblicazione di Five Nights at Freddy's, quindi Undertale, nonché Zootropolis[45]) qualche persona sembrava voler andare contro tendenza. Nel 2016, più precisamente il 26 Gennaio, l'account Twitter realizzato a scopo di marketing per ospitare la mascotte della Kellogg, "Tony The Tiger" dovette iniziare una lunga procedura di blocco degli account di Furry. Ashtha Nagesh di Metro dichiara infatti che *"alcuni account di Furries hanno deliberatamente contattato Tony The Tiger per confidare a quest'ultimo le loro intenzioni sessuali"*[46]. In questo caso, le spiegazioni in merito a questo evento sono due: dei falsi Furries hanno deliberatamente contattato "Tony" per screditare l'immagine del Fandom o, ancora, a fare ciò sono stati dei veri Furries. Non vorrei apparire di parte nello scrivere quello che seguirà, ma reputo alquanto insensata la seconda ipotesi: perché un Furry, per quanto tale, dovrebbe contattare un profilo che sa benissimo di essere gestito da una multinazionale a scopo di Marketing? E' più facile pensare che quanto accaduto nel 2016 sia da attribuire a troll, anti-furry che come scopo ultimo avevano -per l'appunto- quello di screditare il Fandom, su scala mediatica, sperando (come è puntualmente accaduto) di andare alla ribalta presso magazine o testate giornalistiche.

Ad ogni modo, con il 2020, si apre quindi un siparario breve ma intenso. WikiFur riporta che: *"La pandemia di COVID-19 ha causato la cancellazione o il rinvio di una moltitudine di convention pelose tra cui Furnal Equinox, Thaitails e Gateway*

Furmeet. Alla pandemia è anche attribuita l'ascesa di convenzioni pelose online come CozyCon e Down Home FurCon"[14-47]. Non vi è nulla di particolarmente fondamentale da dichiarare in merito a quest'annata, salvo il fatto che le testate giornalistiche Rolling Stone e il New York Magazine abbiano dichiarato in via ufficiale che il Fandom, pur non essendo ancora privo di elementi pornografici o a sfondo sessuale, sia divenuto più adatto per le famiglie[48].

Conclusione della seconda parte

Quello del Furry Fandom è un fenomeno culturale che racchiude persone con un interesse particolare, quello relativo agli animali antropomorfi o con personalità, identità o caratteristiche umane. Secondo Fred Patten, del resto, l'espansione della comunità non è un fenomeno a cui possono essere dati dei paletti o delle date di inizio e di termine di una determinata evoluzione, bensì è qualcosa che è nato, è cresciuto e si è espanso per mezzo di fenomeni voluti o casuali. Tali eventi, a loro volta, avrebbero portato alla consequenziale espansione della comunità. Patten, storico del Fandom, nel 1997 scrisse che *'Non esiste un'unica data o un evento specifico che possa rivendicare la nascita del Furry Fandom. Tuttavia, c'è un accordo generale sul fatto che la sua nascita è da rinvenire alla fine del 1983 o all'inizio del 1984, momento in cui i Fan Pelosi provenienti dal fandom di fantascienza e dal fandom dei fumetti si unirono, portando così all'instaurazione di un'identità indipendente"*. Quello che Patten ci confida più o meno volontariamente per mezzo di questa stringa, è che il Fandom dei Furries non è un entità nata da una motivazione centrale, un elemento fulcro come, per esempio, il Fandom di Star Trek (per il quale si hanno informazioni chiare[49]), bensì è un vero e proprio fenomeno sociale d'interesse scientifico.

Cosa rende il Furry Fandom uno snodo centrale per lo studio della psicologia sociale e quindi per la comprensione della psicologia umana? Ebbene, rispondere a questa domanda potrebbe non sembrare semplice ma, a seguito del discorso trattato in queste pagine, possiamo dire con assoluta certezza che il focus d'interesse ricade proprio sull'espansione del Fandom, nonché per la sua continua crescita, il tutto avvenuto per caso. Non vi era un elemento fulcro iniziale; il soggetto del Fandom, difatti, è stato ripescato da Fandom preesistenti e quindi riadattato nel corso del tempo per renderlo accessibile. Ma da chi? Per cosa? E perché? Domande a cui è impossibile rispondere, la cui enfasi viene effettuata proprio da quel primo post pubblicato in Alt.Fan.Furry, il cui creatore scrisse, e cito testualmente, *"Ok... ma cos'è questa roba? Non lo so nemmeno io [...]"*. Il Fandom si è quindi generato per caso, le sue radici si sono allungate nel terreno (ma da quale seme?) e quindi sono germogliate, diventando una pianta.

Il discorso che c'è alla base della nascita del Furry Fandom appare quindi contorto, complesso e difficile da capire per via della sua natura multiforme, intricata ed eterogenea. Se oggi quando si parla di Furry Fandom si capisce -almeno per sommi capi- a cosa si faccia riferimento, negli anni della sua nascita non era proprio così, nemmeno per i componenti stessi della comunità. Proprio per via della sua nascita spontanea, quasi innata, si è reso impossibile sviluppare delle norme, dei concetti chiave nonché delle definizioni standard relative al soggetto protagonista, quindi i metodi e i sistemi con cui le persone avrebbero dovuto celebrare la sua presenza o la sua invenzione[50]. Al contrario, quella del Fandom si presenta come una realtà naturalmente disorganizzata e concettualmente priva di ogni fondamento concreto. Da dove arriva? Dall'estrapolazione di informazioni celate da due culture differenti e quindi dalla loro congiunzione. Perché esiste? Questo ancora non si sa. Certamente, intenderlo esclusivamente come un fenomeno nato da conduzione volontaria è insufficiente, se nonché addirittura scorretto; quindi come lo si può definire? La domanda ottiene risposta da alcuni membri del Fandom, i quali provano a definire la loro appartenenza alla comunità come loro "Tratto culturale". Un tratto culturale, del resto, è tutto ciò che può diffondersi e subire delle influenze: la presenza di Apple in Italia e il fatto che la gente voglia acquistare l'ultimo prodotto di quest'ultima è un tratto culturale, il fatto di ascoltare la musica di Britney Spears è sempre e comunque un tratto culturale... la stessa cosa, lo stesso ragionamento, la medesima visione di insieme è quindi attribuibile al Fandom: non è una comunità organizzata, bensì un tratto culturale che ha generato una comunità alla sua base. La nascita del Furry Fandom, la sua radice, non sarebbe mai stata possibile se non fosse stato identificato l'oggetto protagonista, il tratto culturale da adottare come parte di se.

Un esempio davvero strabiliante che permette di comprendere appieno "Cosa succede alla gente" è quello della Harley-Davidson, una casa motociclistica statunitense fondata da William S. Harley nonché dalla famiglia Davidson nel 1903. Ebbene, questa grande azienda di motociclette, ci dice David Meerman Scott, stratega di Marketing, non ha creato solo un veicolo, bensì un vero e proprio Tratto Culturale. Lo stesso Scott scrive che *"Un elemento chiave di ciò che rende una persona un fan è una connessione emotiva con persone che la pensano allo stesso modo. Harley-Davidson ottiene questo e coltiva una forte base di fan creando un senso di comunità tra i suoi clienti"*. I clienti Harley-Davidson, precisa lo stratega, *"sono più che semplici clienti: sono membri di una comunità di motociclisti"*. L'azienda, nel fare ciò, non sta facendo altro che sfruttare la socialità innata delle persone a proprio vantaggio, indi per cui vendere i propri prodotti. Il ragionamento da applicare al Furry Fandom è quindi lo stesso: si crea un oggetto da utilizzare come tratto culturale e quindi si permette a quest'ultimo di approdare in più zone del pianeta Terra.

Quella del Furry Fandom è però una realtà ancora più

complessa rispetto a quella presentata dalla Harley-Davidson. Ciò che mi porta a concludere ciò è il fenomeno sociale, l'elemento collettivo che, ancora motore del Fandom, è quello che può essere definito "Elemento fondante". Il Fandom è esso stesso riflesso dei suoi componenti, il Fandom è nato per conseguenze psicologiche dei suoi primi pionieri e non può essere centralizzato sotto alcun potere: il Furry Fandom è qualcosa di estremamente libero, impossibile da imbrigliare, impossibile da controllare e impossibile da piegare. Non è solo un tratto culturale, ma è la rappresentazione di ciò che ancora l'umanità può creare per mezzo della cooperazione.

Il Furry Fandom è la prova che per l'essere umano la lingua, la sessualità, l'etnia e soprattutto la distanza e lo scorrere del tempo non sono difficoltà abbastanza grandi per non essere superate; non sono difficoltà abbastanza grandi per essere definite "Ostacoli".

"L'unione fa la forza". ☐ ☐

---

*: **Il WWW esisteva già dal 1989** (essendo stato inventato presso il CERN di Ginevra), ma fu Lee a dare modo agli esterni di entrarvi. Il suo sito web, infatti, venne visitato per la prima volta dopo 14 giorni dalla sua messa in rete, mentre il primo utente esterno al centro di ricerca la ritrovò il 23 agosto dell'anno successivo. (https://www.planetweb.it/strumenti/piccola-guida-internet/indice/il-world-wide-web.html)

1. https://web.archive.org/web/20070927162630/http://www.press edfur.com/press/muckity-muck.html
2. "Watership Down", romanzo d'avventura scritto dall'autore inglese Richard Adams e pubblicato dalla Rex Collings LTD nel 1972, presenta una storia che segue un gruppo di conigli all'interno del loro ambiente naturale selvaggio. Adams, all'interno del testo, introduce quella che potrebbe essere definita "L'antropomorfizzazione letteraria" dell'animale, quindi il mantenimento selvaggio dell'oggetto che egli stesso ha creato, introducendo quindi tane e problematiche quotidiane che investono il mondo animale da ormai secoli. In "Watership Down", i conigli sono dotati di parola, possiedono una propria

cultura e quindi dei proverbi, poesie e mitologie.

L'elemento trainante della storia è quindi la distruzione della tana di questo gruppo di conigli, nonché i disperati tentativi condotti da questi ultimi per cercare di salvare quanto più possibile.

Esordio di Adams nel campo letterario, "Watership Down" venne rifiutato da diversi editori, quindi si fece vincitore della "Carnagie Medal" nonché altri premi letterari, di cui il "Guardian Prize".

La popolarità del libro raggiunge quindi il suo culmine con il consequenziale riadattamento in film d'animazione nel 1978, quindi nel 1999 e nel 2001 come serie animata per bambini. Nel 2018, data dell'ultima riproposizione della storia riportata da "Watership Down", venne creata una storia drammatica, andata in onda nel Regno Unito e quindi attualmente disponibile sulla piattaforma Netflix.

3. Il Robin Hood della Disney potrebbe essere interpretato come il manifesto dell'antropomorfismo, nonché del *Furrismo* americano. Commedia musicale nata dal racconto popolare inglese, venne diretto e prodotto da Wolfgang Reitherman, animatore tedesco-americano, cambiando completamente la fisionomia dei personaggi. Se nel racconto di Robin Hood i personaggi sono veri e propri esseri umani, ecco che la loro natura cambia, trasposti quindi in animali con caratteristiche antropomorfe non solo sul piano comportamentale e culturale, ma anche sul piano morfologico. Del resto, l'idea di animare degli animali per mezzo della loro umanizzazione creativa, non apparteneva a Reitherman, bensì allo stesso Walter Elias Disney che, dopo la creazione di Topolino e Minny, nonché altri personaggi dell'universo disneyano, volle in tutto e per tutto realizzare un film d'animazione incentrato sul Robin Hood britannico, introducendo però attori dalle forme animali (si legga il libro di Michael Barrier, "Vita di Walt Disney" per approfondire la vita dell'imprenditore).

4. La Walt Disney, diversamente da quanto si pensa, venne messa in moto non solo grazie a Walter Elias Disney, il "Braccio e la mente", bensì anche da suo fratello Roy che, inizialmente banchiere, decise di entrare a far parte dell'impresa messa su dal fratello come finanziatore ed economo (si legga il libro di Barrier, "Vita di Walt Disney").

5. https://it.wikipedia.org/wiki/Warner_Bros.

6. Kaufman, J.B.; Gerstein, David (2018). Mickey Mouse: The Ultimate History. Cologne: Taschen. pp. 85–86.ù

7. Skinn, Dez. (2004). Comix: the underground revolution. New York: Thunder's Mouth Press.

8. https://news.artnet.com/art-world/the-ninth-art-comic-books-51494

9. https://archive.org/details/comicscomixgraph00sabi/page/35/mode/2up

10. https://archive.org/details/comicscomixgraph00sabi

11. Estren, Mark James (1993). "Foreword: Onward!". A History of Underground Comics. Ronin Publishing. pp. 7–8, 10.

12. Waller, Reed. (1995). The collected 'Omaha': the cat dancer; Vol. 1. Worley, Kate. (1st Fantagraphics books ed.). Seattle, Wash.: Fantagraphics Books

13. http://www.toonopedia.com/omaha.htm

14. Traduzione dall'inglese effettuata dall'autore.

15. The Fandom, diretto da Ash Kreis e Eric Risher, presentato sul canale YouTube di Kreis nel 3 luglio del 2020, è un documentario in lingua inglese che parla delle origini nonché dell'evoluzione del Furry Fandom. La realizzazione, della durata di circa 89 minuti, venne elogiata dalla critica per via dell'intenso umorismo nonché per le sue caratteristiche inclusive. Il Colorado Spirngs Independent ha dato plauso al film per il suo fascino e i suoi dettagli accurati. Non deve quindi sorprendere che "The Fandom" abbia vinto un Ursa Major Award nella categoria di saggistica.

16. Albedo Anthropomorphics, abbreviato in Albedo, è una serie di fumetti a cui è stato dato il merito di aver avviato il sottogenere dei "Furry Comix". In Albedo, ecco comparire storie piuttosto sofisticate (e non basate esclusivamente o in maggior parte sulla pornografia) che vedono una serie di animali parlanti. Il fumetto, anche se tra le sue pagine racchiude una storia di carattere perlopiù storico, fantasy, fantascientifico e romantico, è stato ideato per intrattenere una platea di solo pubblico adulto.

17. https://web.archive.org/web/20160405235823/https://www.flayr ah.com/4117/retrospective-illustrated-chronology-furry-fandom-1966-1996

18. https://books.google.it/books?id=nkMODgAAQBAJ&dq=furry+convention+Russia&pg=PA10 &redir_esc=y#v=onepage&q=furry%20convention %20Russia&f=false

19. http://www.anthrozine.com/site/lbry/yarf.reviews.b.html

20. https://www.dailydot.com/unclick/first-furry-convention-1989/ - *"Someone posted footage of the first furry convention on YouTube and it's like a terrifying sequel to Trash Humpers. https://youtu.be/ymFjgpcapx8"*

21. Un membro della comunità "Furry Fandom".

22. https://eu.usatoday.com/story/college/2015/04/16/growing-community-of-furries-finds-acceptance-on-campus/37401991/

23. https://archive.org/details/MC_microcomputer-177/page/n315/mode/2up?view=theater

24. https://web.archive.org/web/20070927162630/http://www.press edfur.com/press/muckity-muck.html

25. https://en.wikifur.com/wiki/1990s

26. *'Usenet è una rete mondiale, nata negli Stati Uniti d'America all'inizio degli anni ottanta, formata da migliaia di server tra loro interconnessi, ognuno dei*

quali raccoglie gli articoli (o news, o messaggi, o post) che le persone aventi accesso alla rete inviano in una data gerarchia, in un archivio ad accesso pubblico, organizzato in gerarchie tematiche che contengono vari thread sullo stesso tema (topic)." (https://it.wikipedia.org/wiki/Usenet).

27. https://groups.google.com/g/alt.fan.furry/c/jaUlbTnzAxE

28. https://www.furaffinity.net/journal/9984305 o questo, con molte più interazioni https://www.furaffinity.net/journal/9983911/

29. Zanichelli - Geografia umana (2010) - AA. VV.

30. https://www.furaffinity.net/journal/9984305

31. https://web.archive.org/web/19970715223541/http://www.argon et.co.uk/users/otter/ukfc4.html

32. Si vedano "Lava Dome Five", "Fur.com" e "Tigerden Internet Service".

33. Morgan, Matt, "Creature comfort: anthropomorphism, sexuality and revitalization in the furry fandom" (2008). Theses and Dissertations. 1218. (https://scholarsjunction.msstate.edu/cgi/viewcontent.cgi? article=2217&context=td)

34. *"L'attività sessuale con altri Furries (nota come "yiffing", dal suono che le volpi emettono durante il sesso) fa parte -per alcuni- della sottocultura Furry"*. (https://www.vox.com/2014/12/10/7362321/9-questions-about-furries-you-were-too-embarrassed-to-ask).

35. E' per me interessante sottolineare che presso Anaheim sorge il primo Disneyland fatto costruire da Walter Elias Disney.

36. http://www.fang.or.jp/

37. https://www.nytimes.com/1996/10/27/magazine/wild-about-fur.html e https://confurence.com/1997/01/kare-11-at-confurence-8/ e https://www.flayrah.com/4117/retrospective-illustrated-chronology-furry-fandom-1966%E2%80%931996

38. Google acquisto YouTube per un totale di 1,65 miliardi di dollari. (https://www.wired.it/internet/web/2014/01/17/10-acquisizioni-google-piu-pagate/.).

39. https://www.youtube.com/watch?v=xeulluj6DxY

40. https://libres.uncg.edu/ir/uncg/f/Lucas_uncg_0154M_12223.pdf

41. https://www.dailydot.com/irl/bad-dragon/

42. https://en.wikifur.com/wiki/Fur_Affinity

43. https://www.rollingstone.com/culture/culture-features/furry-fandom-tiktok-gen-z-midwest-furfest-924789/

44. *"Having been around the furry fandom for almost 11 years now, the general view of furries by normal people is definitely improving. It's happening slowly, but we are becoming more accepted.*
The people who hate furries for being furries though, they're getting worse. The furry haters are aging like milk. The amount of times I see "jokes" about "being allowed to hunt furries" in a day is literally mind-numbing and IQ-lowering. That joke was stale and unoriginal by the 2000s before most of the people making it now were even born. The words coming out of these people's

mouths aren't worth the perfectly breathable air it took to make those smooth-brained noises.

There are still plenty of people who associate furries with zoophiles, but they can be forgiven. They don't know any better and are just in need of some education on the topic. We're slowly correcting that notion by helping these people understand it better". (https://www.quora.com/What-aspect-of-Furry-Fandom-is-progressively-improving-And-which-one-is-progressively-getting-worse).

45. Secondo Buzzfeed e Inverse, il film è stato commercializzato direttamente dal Furry Fandom. Nel secondo link, ovvero quello di Buzzfeed, l'articolo di Katie Notopoulos inizia con un titolo molto particolare, ovvero: *"Prova che la Disney sta effettivamente commercializzando "Zootopia" per Furries - Una società di marketing incaricata dalla Disney ha contattato gruppi pelosi chiedendo loro di pubblicare su Instagram l'hashtag del film in cambio di omaggi".* (https://www.inverse.com/article/8928-disney-prepares-to-cash-in-on-the-furry-demographic-with-zootopia e https://www.buzzfeednews.com/article/katienotopoulos/proof-disney-is-actually-marketing-zootopia-to-furries).

46. https://metro.co.uk/2016/01/28/chester-cheetah-welcomes-the-sexual-advances-of-furries-rejected-by-tony-the-tiger-5649410/

47. https://www.flayrah.com/7977/covid-19-pandemic-causes-furry-convention-closures-and-delays-worldwide - https://en.wikifur.com/wiki/2020s

48. https://www.rollingstone.com/culture/culture-features/furries-midwest-furfest-mainstream-932924/ e https://nymag.com/intelligencer/2020/02/why-is-there-so-much-sonic-the-hedgehog-fetish-art-online.html

49. Il fondatore del Fandom di Star Trek fu Jacqueline Lichtenberg per mezzo della creazione di Star Trek Welcommittee nel 1972.

50. Il Fandom, in italiano "Mondo dei Fan", è un neologisma del XXI secolo nato dalla giunzione della parola "Fanatic" (letteralmente, "Fanatico", termine dal quale nasce anche la parola "Fan" intesa nel concetto più generale) e il suffisso "-dom". Questo termine sta quindi ad indicare un gruppo di persone che celebrano attivamente l'invenzione, la nascita o la presenza di serie TV, serie letterarie, film, videogiochi, giochi in genere, personaggi, fenomeni o oggetti. Quella del Furry Fandom è quindi una Fandom complessa poiché, a livello di concetto, non celebra solo la presenza del Furry o dell'Antropomorfo, bensì anche della casualità e di quella serie di eventi casuali che hanno permesso a quest'ultima di divenire quella che è oggi.

SEZIONE 2
ANALISI SCIENTIFICA

Capitolo 3: *Tratti del Furry e dei Furries*

Sessualità ed orientamento sessuale dei Furries

Il sesso e la sessualità degli appartenenti al Furry Fandom ritrae un argomento particolarmente interessante, non solo dal punto di vista sociale ma anche scientifico. Ebbene, come abbiamo accennato all'interno dell'introduzione scritta nelle prime pagine di questo libro, si nota una forbice piuttosto ampia e piuttosto netta fra quella che è la partecipazione femminile e maschile. Secondo il libro Fur-Science e quindi le ricerche condotte da FurScience.com, il 72,4% dei Furries è di sesso maschile mentre solo il 27,6% è di sesso femminile. Il fenomeno qui riproposto è stato rinvenuto anche presso altri Fandom legati all'intrattenimento. In tutti questi ultimi, come quello degli anime e dello sport, la componente maschile risulta nettamente preponderante rispetto a quella femminile. Incredibilmente, il Fandom sportivo è quello che dispone di una forbice diversitaria (maschi/femmine) minore rispetto a tutti gli altri ambienti presi in considerazione (le femmine, in ambiente sportivo, sono del 40% in meno rispetto agli uomini; in tutti gli altri Fandom, da un 45/46% ad un 50% in meno[1]).

Un altro elemento sorprendente e che ci permette di comprendere più a fondo la natura del Fandom riguarda la componente trasgender interna. Secondo la fonte utilizzata precedentemente, quella del Furry Fandom è la comunità con percentuale maggiore di componente transgender, altresì il 2,1% (verso la comunità anime, con una media dello 0,8%, quindi quella sportiva, ampiamente sotto lo 0,5%).

Il Furry Fandom, visto questo scenario così variopinto e così vario, appare quindi una delle poche comunità aperte alla diversità di genere. Se negli altri Fandom l'argomento trattato o la comunità stessa implica il rispetto di determinate norme sessuali e quindi di orientamento sessuale "non" prestabilite dal Fandom stesso, ma dalla natura che lo ordina, quello dell'ambiente Furry sembra non porre dinnanzi a sé alcuna barriera sessuale. Difatti, ragionando sulla natura delle comunità prese in esempio dagli studiosi di FurScience, l'ambiente sportivo propone una visione o comunque un panorama molto mascolino, quindi che si propone verso un pubblico prevalentemente maschio; l'Anime, d'altro canto, predispone una zona di dialogo tra uomini o comunque ragazzi affascinati da questo mondo, storie in larga parte al maschile. Si hanno quindi due realtà -contrapposta a quella prodotta naturalmente dal Fandom dei Furries- che si sono generate e si sono predisposte maggiormente verso il sesso maschile piuttosto che quello femminile. Al contrario, l'ambiente Furry sembra incoraggiare la diversità (e non solo di genere) per mezzo di quelli che potremmo definire RPG o Giochi di Ruolo interni, vissuti su una semplice comunità online o un social network. Facendo il proprio ingresso all'interno di un sito dedicato al Furry Fandom, è facile imbattersi in immagini profilo che solo in una minima parte (>0,1%) ritraggono foto di persone; la restante è infatti rappresentata da quelle che vengono definite "Fursonas".

La Fursona, ovvero il personaggio che rappresenta l'utente (in forma del tutto anonima) sulla quale poi i FurSuiters creeranno o ordineranno la loro FurSuit identificativa è per l'appunto un elemento "Sex-Free".

Anthro Vixen Fursona - Yamavu con lavoro derivato di Jinx138 (CreativeCommons)

Vista la natura dell'oggetto qui trattato, i Furries si interpellano a quest'ultima per mostrarsi agli altri membri della comunità. La Fursona, quindi "l'utente", può mostrarsi agli altri come un animale antropomorfo di sesso femminile, maschile o anche privo di genere, quindi comprensivo di entrambi. La realtà messa in atto dalla Fursona rappresenta quindi un vero e proprio fenomeno sociale dove l'utente si mostra alla comunità non esclusivamente com'è per davvero, ma anche (o solo) per cosa o come vorrebbe essere. La visione del Fandom esce quindi dalle limitazioni di genere e apre alla diversità come effettiva caratteristica fondante (se nonché centrale) della comunità stessa. FurScience, infatti, ci ricorda che l'identità scelta dalla persona all'atto di entrare in queste comunità virtuali può essere modificata o comunque creata per mezzo della specie animale a cui si fa riferimento, la sua età, il suo sesso e quindi il suo genere. Il Furry può essere un lupo grigio maschio di vent'anni come può essere una volpe viola femmina di trentacinque. A questo punto, è la magia del tratto, della creazione della Fursona (che essa sia commissionata o meno) a rendere quell'entità "viva", per quanto le sue caratteristiche possano apparire estreme o addirittura innaturali (*'E' bello ciò che piace'*; il concetto di bellezza, del resto, non è assoluto, bensì relativo).

L'elemento della diversità sessuale e quindi di genere ha portato ad effettuare degli studi anche sull'orientamento sessuale attuato dai componenti della comunità. Anche in questo frangente sono state rinvenute delle informazioni molto particolari e che ci aiutano a dipingere in modo completo l'intero Furry Fandom.

Al contrario delle informazioni che ci vengono date tradizionalmente per mezzo dei Media, all'interno delle quali si può evincere una realtà fondamentalmente LGBTQ+, i risultati ottenuti da FurScience.com[2] sembrerebbero provare esattamente il contrario, anche se con alcune particolarità. Secondo l'analisi condotta sui partecipanti all'esperimento, i quali si definivano "Furry" e "non-Furry", l'orientamento sessuale prevalente in entrambi i campi era proprio quello dell'eterosessualità (F: 80%, nF: 23%), seguita quindi dalla realtà che si presenta per mezzo dell'omosessualità. In quest'ultimo frangente, l'analisi effettuata sul campione ha portato ad una netta prevalenza di Furries omosessuali (12,5%) rispetto ai non-Furries omosessuali (3%). Un elemento che però sembra importante per la trattazione, è l'elemento di mezzo.

Lo studio qui riproposto è stato basato su quella che prende il nome di Scala di Kinsey. Quest'ultimo elemento scientifico (che parte da "0, esclusivamente eterosessuale" e arriva a "6, esclusivamente omosessuale") seppur affetto da un margine di errore, permette di capire anche le varie sfumature del soggetto testato. Analizzando la scala, difatti, abbiamo:

–   0, Esclusivamente eterosessuali

–   1, Prevalentemente eterosessuali, ma in alcune circostanze con tendenze omosessuali

–   2, Prevalentemente eterosessuali ma con forte componente omosessuale

–   3, Bisessualità

–   4, Prevalentemente omosessuali ma con forte componente eterosessuale

–   5, Prevalentemente omosessuali, ma in alcune circostanze con tendenze omosessuali

–   6, Esclusivamente omosessuali

Ebbene, per mezzo di questa scala si è stati in grado di evincere che il panorama Furry accoglie una percentuale piuttosto elevata di persone che si definiscono "3", quindi "Bisessuali". Secondo il campione studiato e quindi i risultati esposti da FurScience.com, la componente Furry bisessuale si attesta intorno ad una presenza media del 12%, mentre la componente bisessuale non-Furry è inferiore all'1,5/2%.

Messi a confronto gli orientamenti sessuali dei Furry femmine e maschi, ecco che viene a crearsi una nuova schermaglia: se il comportamento femminile nei confronti dell'orientamento sessuale segue uno schema discendente con picco in "0", decadenza in "5" e leggera risalita in "6", il comportamento proposto dalla componente maschile è piuttosto complesso da esplicare. Se la femmina ci propone una prevalenza e quindi un calo, la percentuale di "Test" maschili mostra un panorama molto più diversificato. Pur essendoci una maggioranza (più precisamente il 25%) di eterosessuali, il resto della componente del Test è ampiamente eterogeneo, mostrando non solo un secondo picco in "Bisessualità" (10%), bensì anche in omosessualità (17%). Il confronto delle scale di Kinsey qui esplicate con le stesse scale riproposte a Fandom affini, hanno quindi rivelato che la diversità più ampia in merito all'orientamento sessuale appare proprio nel Furry Fandom. Controbilanciato da un 25% rappresentativo della sezione eterosessuale, quella dei Furries è una realtà che viene ribaltata dal Fandom Sportivo (89% di individui che si definiscono eterosessuali).

Arriva però il giorno in cui una persona si innamora e decide di fidanzarsi con quello o con quella che potremmo definire "Sua dolce metà". Questo momento tanto atteso nella vita di una persona, che sia femmina, maschio o privo di genere, viene quindi riproposto anche sul comportamento dei Furries. Secondo le ricerche, per i Furries è importante restare nel "Fandom" (in questo caso, un vero e proprio branco all'interno del quale si creano legami indissolubili con la comunità) anche dopo aver trovato la propria compagna o il proprio compagno per la vita. FurScience.com[3] ci dice che la maggior parte dei Furries non trova ragazza o ragazzo al di fuori del Fandom, bensì -per una percentuale piuttosto elevata- viene trovata o trovato all'interno della comunità stessa. A prova di quanto detto, il 63% dei Furries ha dichiarato di essere entrato a conoscenza della sua fidanzata o del suo fidanzato attuale proprio grazie al Fandom che, in questo caso, non solo diviene una comunità libera e aperta, bensì una vera e propria piazza virtuale, la quale permette l'incontro di più persone, lo scambio di idee, legami e quindi sentimenti amorosi. Per approfondire quanto detto, questo sistema per trovare il partner è quello preferito dalla componente omosessuale della comunità che, rispetto a quella eterosessuale (31%), riveste una tendenza pari al 78%, valore in continua crescita. Inutile dire che il restante delle percentuali sopra riportate adotta sistemi tradizionali (conoscenze nella vita reale o per mezzo di siti d'incontri) o che verranno esplicati di seguito.

Del resto, la vita non è fatta solo di comunità e internet: cosa succede se la propria metà viene trovata a scuola, all'università o al lavoro? Ebbene, se il 9% dei Furries dice che è riuscito a trainare il fidanzato o la fidanzata all'interno del Fandom, creando difatti una *"Coppia di Furries"* (e chiedo scusa per il gioco di parole), il 23% dice che ha preferito mantenere le cose come stavano. In quest'ultima visione, il partner è e rimane un non-Furry, seppur con tendenze di interesse verso la comunità che vengono tendenzialmente espresse per mezzo di un influenza involontaria.

L'ultima variante importante è quindi quella che tendenzialmente è meno comune. Quest'ultima comprende i Test che si sono conosciuti prima di diventare Furries e che poi, insieme -di comune accordo-, hanno deciso di prendere parte alla comunità.

La sessualità e quindi l'orientamento sessuale dei Furries ricade quindi sulla presenza di immagini o comunque elementi creativi (arte visuale, letteraria e sovente musicale) in cui la pornografia Furry si fa padrona. Secondo un'indagine[4], anche se la maggior parte dei Furries presenti nella comunità ammette che non vi sia una preferenza concreta fra la pornografia Furry e la pornografia non-Furry (33%), vi è una netta prevalenza di individui (ma si parla di uno scarsissimo 5,8%) che, rispetto alla pornografia non canonica (rappresentata in questo caso dal 2% degli utenti), preferisce la produzione a stampo *Furrico* di materiale creativo a sfondo pornografico o comunque sessuale, più comunemente erotico. Questa bassa percentuale di individui che preferisce l'arte pornografica viene però fatta oggetto di critiche che vanno a ricadere su tutto il Fandom. Non a caso, nella mia conversazione avuta con la Dottoressa Gerbasi, ella ci tiene a farmi sapere che: *"I Furries, pur essendo poco conosciuti, sono stati stereotipati dalla stampa, la quale gli ha stigmatizzati perché definiti come strambi, nonché maniaci sessuali (secondo me ingiustamente)"*[5-6].

Non è difficile trovare comunque contenuti a sfondo sessuale ripercorrendo la grande biblioteca di immagini proposta da FurAffinity. Questo sito internet, più libero di altri portali artistici, appare infatti come una piattaforma a sfondo prevalentemente pornografico, il cui compito è quello di raccogliere e ridistribuire materiale erotico o a sfondo sessuale. E' sufficiente però uscire da questa piattaforma più libera di altre per trovare un quantitativo di produzione pornografica molto inferiore. Visitando la stessa DeviantArt, per esempio, la comunità Furry fa sentire la sua voce per mezzo della proposta di arte visuale molto più fine, più dettagliata e quindi molto più precisa. Essendo DeviantArt una piattaforma a sfondo creativo, ed avendo quest'ultima delle regole più ferree rispetto a quelle proposte da FurAffinity (una piazza virtuale di scambio e intrattenimento, per così dire) riesce -paradossalmente- a far emergere l'arte della comunità come qualcosa di estremamente più variegato nonché "bello", dai gusti più altolocati. Seppur la componente erotica[7] rimane comunque filo rosso delle opere d'arte della comunità Furry, l'uso dei filtri e dei divieti imposti da Wix.com (azienda israeliana attualmente detentrice di DeviantArt, appunto) limita la trasmissione di contenuti pornografici a fine creativo.

Del resto, il Fandom racchiude -in merito alla discussione su argomenti pornografici o comunque a sfondo sessuale- delle persone che si rivelano essere chiuse a trattazioni (circa il 15%[8]), mentre altre che sembrano non farsi alcun tipo di problema nell'esplicare la loro posizione nonché il loro pensiero (Femmine: 37%, Maschi: 18%).

FurSuit: altresì "La Fursona, da finzione a realtà"

Proseguendo nella nostra trattazione, ecco che ci addentriamo nella dimostrazione di ciò che è la FurSuit per la comunità, nonché per quanto riguarda un elemento del tutto affine, altresì la Fursona.

La Fursona, altresì l'avatar o l'alter ego di un utente del Fandom, è quell'elemento creativo che racchiude l'identità dell'internauta o di un individuo all'interno del vasto e complesso mondo della comunità *Furrica*. Questa identità, assunta dall'utente nell'atto di accedere per la prima volta ad una comunità del Fandom (che sia online o nella vita reale), se non ricreata nel momento in cui l'utente decide -dopo un periodo più o meno lungo di osservazione- di divenire partecipante attivo alla comunità, è quindi un'entità che si basa su alcune variabili demografiche ma anche identitarie e caratteriali. La specie dell'animale rappresentato, il suo nome (quindi il nome dell'utente o, per meglio dire, il Nickname), il colore, i segni caratteristici e unici che decorano il suo corpo, la sessualità ed il carattere, quindi il modo di vestire o non vestire sono tutti elementi che, tendenzialmente, permettono alle persone di diversificare le loro identità e di azzerare la probabilità di avere due Fursonas identiche.

L'elemento identificativo proposto dalla Fursona è quindi fondamentale nel Fandom; si potrebbe quasi arrivare a concludere che "Senza Fursona non puoi essere riconosciuto come membro della comunità"... e tale conclusione si avvera quasi parzialmente quando si riconosce la comunità non solo come un Social Network, bensì come un vero e proprio RPG, un Gioco di Ruolo dove ogni utente recita una parte; la parte della sua Fursona, dell'identità che vorrebbe. Tralasciando quindi il fatto che la Fursona può incarnare al 100% come allo 0% la vera identità di una persona o le sue caratteristiche, questo elemento identificativo appare come una delle prime richieste (altresì "Commissioni") effettuate dagli utenti agli artisti della comunità. Stiamo parlando di vere e proprie richieste che gli utenti fanno ad alcuni artisti: per mezzo di un pagamento da parte del primo attore, l'artista crea un immagine profilo o un'intera Fursona per l'utente, rispettando ovviamente le sue idee di partenza o le sue richieste. In casi diversi ma comunque piuttosto comuni, l'utente stesso crea autonomamente la sua Fursona per mezzo di programmi di arte digitale (Photoshop, Gimp o Illustrator) nonché con l'Intelligenza Artificiale (si veda "ArtBreeder.com").

Che i Furries si preoccupino così tanto della propria immagine e della propria apparenza non è cosa strana. All'interno del Fandom, tutto è identità e tutto gira intorno all'elemento della diversità e della creatività: non importa se la tua Fursona sia o non sia uguale a te, che questa ricalchi l'elemento caratteriale o fisico, ma è fondamentale avere un identità, un personaggio a cui si può fare riferimento quando si parla di te; un personaggio che, per quanto diverso, risulti unico. Bisogna però fare un appunto: l'animale rappresentato all'interno della Fursona di un determinato utente, non deve necessariamente dimostrare di avere delle caratteristiche intrinseche con lo stile di vita del suo proprietario o, ancora, il suo "Animale guida". Con la Fursona, il Furry è libero di rappresentare ciò che vuole di sé stesso, come può essere anche libero di fingere e creare qualcosa di completamente eterogeneo nonché distaccato da quella che è la sua realtà.

Per approfondire ulteriormente il discorso approntato sulla Fursona, altresì l'animale antropomorfo rappresentazione del Sè, si può quindi ricorrere ad un'analisi delle preferenze. Secondo le ricerche effettuate da FurScience.com[9], l'oggetto più utilizzato per realizzare una Fursona è quello dell'ibrido (X+Y), seguito dal lupo, dalla volpe, dal cane, dal leone e arrivando fino al drago, seguito da creature mitiche, gatti, roditori, conigli e molto altro ancora. Da come si vede per mezzo di questo rapido specchietto, le alternative a cui gli utenti del Fandom si prestano sono elevatissime. Difatti, ognuna di queste figure permette di attuare una serie di modifiche, le quali possono portare ad un semplice cambio di colore nonché di morfologia fisica o, ancora, veri e propri ribaltamenti di identità. Se solo dovessimo attuare una permutazione di tutte le variabili, otterremo un numero di potenziali Fursonas elevatissimo; ad occhio e croce, più di 160 milioni. Del resto, su un campione di 6.000 Fursonas, possono essere identificate (si legge su Fur-Science), circa 852 specie animali, alcune delle quali nate da una fusione di tratti appartenenti a classi differenti. Ecco quindi che la nostra permutazione, da 160 milioni di variabili osserva quelli che possono essere definiti incroci, che essi siano fittizi o no, arrivando così a conteggiare milioni di milioni di variabili, molte delle quali ancora del tutto inesplorate. E' proprio vero: l'unico limite per creare la propria Fursona è la fantasia.

Quanto abbiamo detto viene quindi rafforzato direttamente dal parere dei Furries che alla domanda "Esiste un legame o un affinità tra te e la specie che hai scelto per creare la tua Fursona?" il 37% risponde "No, per nulla", al contrario del 13% che replica in modo opposto, altresì "Molto". Vi sono quindi dei pareri di mezzo che, su una scala da 1 a 7, indicano il grado di vicinanza della Fursona alla propria identità, ma la stragrande maggioranza di queste testimonianze sembra attestare che il personaggio dietro al quale si celano è stato scelto semplicemente perché "Piaceva" o perché "Aveva dettagli o caratteristiche particolari nonché uniche". Del resto, l'ispirazione per la propria Fursona, deriva al 62% da sé stessi (il restante da programmi TV o storie, leggende, immagini o arte pre-concepita), diventando così simbolo non solo della propria identità sociale ma intellettuale, maturata per mezzo della mente e della propria creatività interiore.

Bisogna quindi ammettere che quando viene generata una Fursona, l'utente crea una vera e propria seconda personalità, una seconda vita che va di pari passo con quella che svolge ogni giorno. Quando, dopo un estenuante giornata di lavoro, il Direttore dell'azienda TalDeiTali torna a casa e accende il computer, eccolo navigare su FurAffinity, mettendo da parte le preoccupazioni legate alle scartoffie contenute nei cassetti del suo ufficio per dedicarsi a qualcosa che, pur essendo dentro di sé, non riesce ad uscire. Si mette da parte la giacca e la cravatta, ci si veste da animale antropomorfo e si naviga nel web sotto mentite spoglie. Quanto detto è vero, tant'è che la stessa FurScience ha dovuto effettuare delle analisi simili a quelle citate precedentemente per capire quali erano le differenze fra il Furry e la sua Fursona. In alcuni casi è stato scoperto che la Fursona di alcune persone cambiava totalmente rispetto alle caratteristiche di queste ultime: ragazze che hanno Fursonas maschili, ragazzi che hanno Fursonas femminili; quindi gente tranquilla e introversa che, una volta dietro la sua Fursona, diventa espansiva ed estroversa (ma è vero anche il contrario). Insomma, stiamo parlando di maschere.

Bisogna però precisare che quanto detto qui è vero solo per una piccola parte del Fandom (circa 1,7%), per la fetta più grande della comunità (37%) il rapporto di somiglianza fra la propria Fursona e la propria essenza (almeno dal punto di vista caratteriale nonché sessuale), appare elevatissima se non completa. La somiglianza tra il Furry e la propria Fursona, ricade infatti più che altro sulla componente comportamentale (32,4%) nonché psicologica (38,5%), certamente non su quella fisica che, paradossalmente, è l'alternativa più scartata, quella a cui si dà meno peso (11%).

L'identità, del resto, è un insieme di componenti diversi e può essere gestita come meglio si crede. Per mezzo di alcune domande[10], si è infatti scoperto che il Furry, per mezzo del suo alias, tende a creare alternative migliori di se stesso o, per meglio dire, più equilibrate ed affascinanti. Versioni idealizzate del proprio essere e della propria essenza che, tendenzialmente, mirano ad aumentare e migliorare il proprio livello di attrazione, quindi il proprio livello di prestigio all'interno della società. Per effetto psicologico, il Furry viene quindi portato a raggiungere degli obbiettivi e dei traguardi che si pone involontariamente, questo per cercare di raggiungere i livelli della sua stessa Fursona. Quella rappresentata dal suo Alter Ego è infatti la sua speranza, ciò che vorrebbe essere. L'identità trasposta sotto forma di immagine, diviene quindi per il Furry stesso una sorta di Coach che aiuta quest'ultimo a raggiungere i suoi desideri, che essi siano fisici o morali. Ma purtroppo, è anche vero l'effetto opposto. La Fursona, un personaggio che, per assurdo, è uscita dalla mente del suo stesso creatore, un *Homo fictus* inesistente, potrebbe essere ritenuta responsabile anche di sentimenti negativi. Se da una parte abbiamo l'individuo che nel guardare la sua rappresentazione fittizia gode di *eustress* positivo -al fine di raggiungere la sua fantomatica perfezione-, dall'altra parte abbiamo persone che vengono afflitte da *distress* negativo, quindi frustrazione e depressione. Come abbiamo già detto, la Fursona (e il modo in cui è vista o il motivo per cui è stata creata) può essere in grado di causare dei risvolti negativi sulla vita del suo rappresentante terreno, soprattutto se questi si accorge di aver creato una versione fin troppo idealizzata di se e quindi di non essere in grado a vestirla. Se la palestra, i corsi di meditazione per mantenere il self-control, quindi il fatto di parlare allo specchio per cercare di essere più estroversi non sono sufficienti, ecco che il Furry si deprime, guardando a quell'immagine che lo rappresenta qualcosa di fin troppo lontano dalla realtà e dalla sua stessa essenza. Capisce che, nella sua immagine profilo, non vi è lui o una versione idealizzata di se, bensì tutt'altra persona.

La problematica che fuoriesce da quanto affrontato è del

tutto psicologica. Per alcuni membri del Fandom, creare la propria Fursona significa non solo crearsi un identità nuova e diversa, distaccata dal mondo fisico, bensì anche creare delle promesse verso se stessi e la propria natura. E' normale che il passaggio veloce del tempo, a fronte di avanzamenti minimi incorniciati dalla delusione maturata nei propri confronti, porti alla frustrazione individuale: ci si accorge di non essere stati in grado di mantenere la promessa fatta a se stessi o, ancora, in casi ben più gravi, ci si rende conto di stare mentendo alla propria essenza, quindi di stare mentendo agli altri non per gioco, bensì per incapacità. L'innocente bugia creata per mezzo di una versione idealizzata di se scappa dalle mani, finendo per risucchiare l'identità stessa del suo creatore che, a sua volta, finisce per credere di essere un immagine. Il mondo gli cade addosso quando arriva la scoperta: la Fursona non era più un mezzo per identificarsi, bensì era divenuto l'uomo il mezzo con cui la Fursona si identificava, portando ad un rovescio di istinti e di punti di vista.

Per quanto riguarda la FurSuit, eccoci entrare in un mondo a parte, luogo in cui la Fursona prende vita. Per mezzo della FurSuit, il personaggio che identifica un membro del Fandom diventa effettivamente reale, concreto. Tali costumi, che rendono il FurSuiter (altresì colui che indossa la Fursuit) un vero e proprio cosplayer, vengono creati su ordinazione da artigiani della comunità. Non esistono industrie che producono costumi di questo tipo; l'attuazione di un impresa del genere -per quanto sfruttabile dai parchi a tema- potrebbe portare al fallimento dell'imprenditore, quindi ecco nascere delle "piccole industrie" fai da te messe in piedi da alcuni artisti della comunità che, dietro commissione, producono il costume stesso.

Tali costumi sono particolarmente costosi: la materia prima utilizzata, il fatto che il produttore sia un artista, la spedizione ma anche il fatto di ricevere un ordinazione

"Who is the cutest?" [Chi è il più carino?] di Hopesa - (CreativeCommons)

relativa a qualcosa di "Personalizzato" sono tutte variabili che portano ad un aumento del prezzo. Già, ma quanto costa? Secondo delle stime o comunque i prezzi esposti da questi produttori, una FurSuit di tipo plantigrado personalizzata supera abbondantemente i 1.500€. Il prezzo lievita maggiormente quando lo sforzo attuato dall'artista non vede solo la creatività e la realizzazione di qualcosa che appare "esteticamente bello", bensì che sia anche funzionale. In questo caso, la FurSuit da digitigrado può essere acquistata ad un prezzo non inferiore ai 2.000/2.100€.

Vista la spesa che, per quanto possa essere *Una Tantum*, non sempre appare conveniente, la stragrande maggioranza del Furry Fandom non dispone di FurSuits. Secondo la ricerca condotta da FurScience[11], solo il 12,7% della comunità dispone del costume da ibrido. Del resto, la fetta di torta rimanente, è occupata da quattro personalità diverse, altresì quattro differenti tipi di pensiero. Stando alla medesima ricerca, se il 12,7% della comunità dispone di questo tipo di costume, il 42% dice "Non ancora", presupponendo quindi che in un futuro più o meno lontano, questi ultimi decidano di investire una quota del loro patrimonio nell'acquisto di questo abito. Del resto, una buona parte del Fandom, pensa che la FurSuit -per quanto caratteristica e bella esteticamente- non sia un elemento centrale per definirsi come parte del gruppo. Non a caso, le statistiche di tipo negativo, vedono un 38% abbondante di Furries che "Non ha una Fursuit" o "Non ha una Fursuit e pensa che non l'acquisterà mai".

La Fursuit, infatti, è quell'elemento scenico o comunque distintivo che viene impiegato perlopiù all'interno di convention e raduni, festività in cui vi è una bassissima percentuale di partecipanti, soprattutto se contrapposta al numero di Furries dispersi in tutto il mondo. E' quindi normale che la località in cui un Furry risiede diviene elemento che aumenta o diminuisce la probabilità di acquistare questo tipo di costume. Per spiegarmi meglio, un

Furry che abita in Germania ha una probabilità maggiore di acquistare una Fursuit rispetto ad un Furry italiano poiché, molto semplicemente, l'"Eurofurence" è un evento molto più pubblicizzato e più grande di quello proposto in Italia, altresì "Furizon", il quale vede un numero di partecipanti di molto inferiore rispetto al primo. La domanda che tendenzialmente una persona si pone prima di fare un acquisto esoso è difatti la seguente: se compro X, come e quanto potrei sfruttarlo/a? Giustamente, se l'esito di questo interrogativo porta alla ribalta risposte come "Non ho la possibilità di usarlo" o "Potrei sfruttarlo solo una volta all'anno", l'esito della riflessione inerente all'acquisto della Fursuit diventa esso stesso negativo; un secco, evidente e giustamente comprensibile "No".

Alla luce dei fatti mi sono chiesto quanto possa essere sfruttata una Fursuit nell'arco della sua vita. Ebbene, effettuando una ricerca in FurAffinity sono incappato in un utente, altresì Smove, il quale -per mezzo della sua pagina- dichiara di aver partecipato (a partire dal 2009) a circa quaranta congressi o fiere del Fandom, la maggior parte delle quali se non tutte con la sua Fursuit, una realizzazione creativa nonché artigianale prodotta da un altro utente della community online, OneFurall[12].

La storia della Fursuit è comunque da ricercarsi in anni precedenti alla stessa ConFurence 0, occasione in cui sono saliti sul palcoscenico i primi, veri, Fursuiters del Fandom: Bob Hill e Shawn Keller. Infatti, già nel lontano 1947, Edwin Corle scriverà un libro chiamato "Three Ways to Mecca", all'interno del quale il suo protagonista, egli stesso un autore, decide volontariamente di indossare un costume da pastore tedesco non solo privatamente, ma anche pubblicamente. Quest'idea suggerisce quindi il perfetto equilibrio tra introversione ed estroversione del personaggio che, per mezzo della sua Fursuit, è riuscito a dimostrare agli altri di poter essere ciò che vorrebbe... in altre parole, dar sfogo concretamente ad un suo desiderio interiore. Il libro di Corle potrebbe essere quindi uno snodo centrale che potrebbe permetterci di esaminare la Fursuit stessa da un punto di vista più scientifico, più psicologico. Del resto, mi dico io, un motivo concreto e insito nell'essere umano per indossare questi vestiti ci deve pur essere (soprattutto se ogni anno i congressi del Furry Fandom continuano a vincere Guinnes World Records[13]).

La domanda si fece intensa e la mia voglia di comprendere questo fenomeno mi portò a scrivere alla dottoressa Gerbasi cosa pensasse del fenomeno. Quest'ultima, con grande gentilezza, replicò al mio quesito riportandomi che *"Solo un numero limitato di Furries hanno e vestono delle Fursuits: sono molto costose e poco comode, soprattutto se usate per un tempo prolungato. Posso dirti che all'interno di questi costumi ci si sente come se si avesse un'altra identità. Ho una Fursuit economica ma, quando la indossai durante una parata del Fandom, mi stupii di vedermi ballare nel video"*, quindi prosegue dicendo che *"Le Fursuit rappresentano creatività e individualità"*[5-14].

La Gerbasi ci riporta quindi indietro con la mente, ricollegandoci proprio al fenomeno instillato dalla Fursona all'interno della comunità virtuale. Ecco: la Fursuit è l'esatta riproposizione della Fursona in ambito terreno. In quanto tale, la Fursuit dipinge il suo utilizzatore non solo come membro del Fandom ma come un entità diversa da tutte le altre. Abbiamo già analizzato il fenomeno delle permutazioni e quindi delle variabili attuabili dagli artisti per creare le Fursona, quindi non bisogna fare altro che riproporlo qui: milioni di milioni di costumi diversi, la cui diversità è garantita non solo dalla creatività dell'artista, dalla mano dell'artigiano, ma anche e soprattutto dall'individualità dell'Essere Umano al suo interno. La Fursuit, per quanto oggetto stereotipato, è quindi una rappresentazione del se interiore, il figlio della diversità di pensiero della comunità nonché del proprio stile, un emanazione della propria filosofia. Quello che i Fursuiter indossano non è solo un costume, bensì una trasposizione della loro identità in chiave cartoonesca se nonché artistica.

La realtà nascosta dalla Fursuit è però molto più complessa. Indossando il costume e quindi diventando un vero e proprio cosplay del personaggio, il proprio comportamento e la propria identità cambia per adattarsi alla natura di quel personaggio. Ma a questo punto, chiedo al lettore, qual'è la differenza tra un cosplayer del capitano Kirk rispetto al già citato Smove? Prenditi un po' di tempo per pensarci, cerca di riunire tutti i fili e quindi dar vita ad una soluzione. Fatto? Ebbene, la risposta a questa domanda non è "Nessuna" come sicuramente avrai ipotizzato, bensì è più articolata. Se dovessi andare ad una convention di Star Trek vestito da Capitano Kirk, allora gli altri fan della serie si aspetterebbero che io (come gli altri cinquanta capitani Kirk che condividono con me quello stesso ambiente) ad una azione reagisca con un responso collettivo. Come in una mente alveare, io e gli altri cinquanta capitani Kirk ci potremmo avvicinare a cosplayers di Sarek (la cui forma plurale non è casuale) e dire a quest'ultimo *"Suo figlio era per me molto di più di quanto immagini. Gli avrei dato la vita se avessi potuto salvarlo"*[15]. E' ovvio che si giungerà al punto in cui i Sarek si stancheranno e abbandoneranno la convention per via del clima ripetitivo e frastornante: ci si trova a dover immedesimare un identità che non ci appartiene, che ci viene imposta da altri. Ma cosa succede se io, invece di andare ad una convention di Star Trek, dovessi andare -vestito da mia Fursona- ad una parata Furry? La risposta è nettamente più complessa. *In primis*, la parola come sistema di comunicazione diventerebbe inutile senonché distruttiva[16]; in secondo luogo, potrei comportarmi come sono io in realtà o come vorrei essere. Sostanzialmente, la creazione su cui mi baso, il personaggio da cui mi sono vestito, è mio, quindi basato su me stesso. In questo contesto, entrerei all'interno della parata in anonimo, mostrando la parte migliore di me o che -almeno concettualmente- ritengo essere la migliore. In quest'ultimo caso, non devo sottostare ad un copione che mi porta ad essere identificato come un'altra persona o un altra entità, al contrario, il copione posso scriverlo direttamente io. Io creo il personaggio e il personaggio diviene me, ma un me trasposto, più o meno simile alla mia identità ma comunque basato su di essa. La montatura, la menzogna caratteristica del Fandom è si assimilabile ad una bugia ma, al contrario della panzana proveniente dal Fandom Sci-Fi, è la base su cui si fonda una mia promessa per me stesso o per gli altri: una versione più divertente di me? Meno chiacchierona o più amichevole? Magari la mia parte più tonta e meno intellettuale? La sorpresa dei tuoi colleghi o dei tuoi compagni di scuola esposta a seguito di una tua azione inaspettata, nella parata non potrebbe mai essere pronunciata; anzi, quel sentimento di stupore è proprio l'elemento chiave che permette alla parata di esistere: *"Smettila di fare finta di essere quello che non sei, mostra il vero te, senza vergogna"*.

Ma tornando alle ricerche, alla scienza e agli studi, quindi mettendo da parte per un attimo la psicologia, com'è fatta una Fursuit? Dal momento che, come abbiamo precedentemente accennato, il costo di questa tipologia di costume è perlopiù elevato, i Furries hanno deciso di ordinare o comunque richiedere la realizzazione non di un costume completo ma di parte di esso. Secondo FurScience.com[17], molti Furries non hanno una Fursuit completa bensì parziale. Nell'elenco mostrato dalla ricerca, gli oggetti più utilizzati per incarnare la propria Fursona sono orecchie, code, zampe, testa, vestiti o accessori, ali e quindi Fursuit parziali. Effettuata quindi una domanda ai Test per scoprire quali elementi di questo "Armamentario" vengono acquistati più di frequente, ecco comparire "La coda" (48,1%), subito seguita dagli accessori utilizzati dalla propria Fursona.

C'è un qualcosa di malinconico in questo, un onda nostalgica che ricade sulle nostre origini. Perché la coda?

Diventata un simbolo della comunità Furry, la coda è una delle parti del corpo che viene più citata o comunque più utilizzata per farsi riconoscere come Furry da altri Furries. La popolarità della coda non è però elemento così sorprendente dal momento che anche noi, quali mammiferi e animali, l'avevamo. Quest'ultima ci è stata estirpata da Madre Natura solo venticinque milioni di anni fa, segnando così la separazione del lignaggio degli ominidi dalle antiche scimmie del vecchio mondo. Questa punizione data a noi, animali senza coda, ha portato però alla fusione di quattro o cinque vertebre caudali, le quali prendono il nome di "Coccige", letteralmente una "Coda-vestigiale" ed inutilizzabile. La coda nell'animale-uomo è diventata così futile che viene rappresentata come una vera e propria anomalia. Pochi bambini nascono con una coda. Quelli che nascono con tali condizioni, vengono subito operati per mezzo di piccoli interventi atti alla rimozione dell'appendice.

Il fascino della coda all'interno del Furry Fandom è così esteso che alcuni creativi hanno pensato non solo di indossare code inanimate, bensì code animatroniche o meccaniche, il cui scopo è quello di rendere viva l'appendice e quindi più realistico il costume.

Commissioni virtuali

Proseguendo nella trattazione, ecco che ci imbattiamo in quella che viene definita comunemente "Commissione". La commissione che si tiene all'interno della comunità del Furry Fandom si basa sulla richiesta, ad artisti interni, nella realizzazione di opere d'arte su misura basate sui desideri dei Furries.

Prima di parlare però delle opere d'arte eseguite su commissione, aprirei una piccola parentesi su un artista relativamente vicino a noi ma che -ad ogni modo- sembra affine al mondo dell'arte Pelosa. Louis Wain, nato nell'agosto del 1860 e morto nel luglio del 1939, divenne famoso grazie alla sua particolare arte: la raffigurazione di gatti con grossi occhi e caratteristiche umane. Stiamo parlando di veri e propri quadri il cui unico soggetto è quello felino: se in "Ginger Cat" una gatta si fa aria con un ventaglio, in "Carol Singing Cats" tre gatti cantano delle canzoni. Il numero di quadri realizzati da Louis Wain, facilmente osservabili per mezzo di una ricerca eseguita in rete, è sbalorditivo, come del resto il suo particolare stile pittorico che consiglio di contemplare per qualche istante, sedendosi dinnanzi ad un suo quadro e osservandolo, nel silenzio, come se ci si trovasse in un museo o in una galleria.

Ebbene, Louis Wain potrebbe essere stato il precursore di questi artisti del Fandom, una persona che, come dice H. G. Wells, *"Ha fatto proprio il gatto. Ha inventato uno stile felino, una società felina, un intero mondo di gatti"*. A ben vedere, quello che fece Wain prima della sua morte -coadiuvata da gravi disturbi psicologici quali la schizofrenia (aggravata a sua volta dalla Toxoplasmosi)- è quello che attualmente gli artisti del Fandom fanno ogni giorno: prendono l'animale o comunque l'ibrido che più si sentono vicini e lo utilizzano come loro avatar. I Furries-Artisti, prendono la loro identità, la gettano nelle grinfie del lupo e quindi la portano ad un livello superiore.

Chiusa la parentesi su Wain, personaggio che potremmo definire un capostipite degli artisti Furry, uomo che con la sua arte è riuscito ad affascinare il mondo[19], torniamo ai nostri giorni, più precisamente agli anni '2000/'2010/'2020. Ora come ora, FurAffinity racchiude centinaia di artisti del Fandom che realizzano commissioni. Ma a cosa servono? Mettendo naso in sezioni su sezioni, quindi su schermate di ricerca, è facile trovare annunci sotto forma di immagini che recitano frasi come "Ricordatevi, partono le commissioni", "Iniziano le commissioni", "Da oggi prendo ordini!" e quant'altro. Tali avvisaglie diventano quasi ossessive, ripetitive, monotone, quasi stancanti nel vederle giorno, dopo giorno, dopo giorno... ed è proprio questa fisima,

Un gruppo di gatti impegnati in una gara ciclistica ad Hyde Park, Londra. Stampa elaborata dopo L. Wain. - CreativeCommons

questo chiodo fisso, a rendere le commissioni così importanti per la comunità.

Abbiamo detto che l'arte (che essa sia visiva, letteraria o creativa) è il vero e proprio motore del Fandom. La comunità, infatti, si basa sul principio secondo cui l'arte è utilizzabile a fini di dimostrazione o di concretizzazione di un idea, un pensiero, un ragionamento. La penna, la matita, il colore, diventa quindi il mezzo con cui il Furry rappresenta sé stesso. Per mezzo della creatività e dell'individualità, ogni membro del Fandom è in grado di creare qualcosa di diverso (almeno a livello concettuale) rispetto a quello che viene creato dagli altri. Si sta parlando di economia dell'intelletto, quando un artista si presta ad un amico o ad uno sconosciuto del Fandom nel fare un opera.

Ebbene, sembrerà strano, quasi paradossale, pensare che un Fandom così grande e così bello, così variegato ed estremamente centralizzato sull'arte come sistema di trasmissione dell'identità, abbia un numero di artisti pressoché limitatissimo. Si fa in fretta però a concludere che tale paradosso non è poi così strano: l'antico Egitto, per esempio, terra di Faraoni corredata da iscrizioni geroglifiche in ogni dove, aveva un tasso di alfabetizzazione che non era basso, bensì quasi nullo. Pochi erano i personaggi in grado di leggere e scrivere, eppure si hanno testimonianze letterarie su questo popolo che sono cospicue, nutrite, nonché molteplici. Lo stesso paradosso si evince all'interno del Fandom: pochi artisti ma che producono molto, in quantitativo così elevato da portare a pensare che il "Furry Fandom" sia composto da soli creativi, più precisamente artisti grafici, pittori, illustratori e disegnatori.

A dar forza a questa tesi vi è quindi una ricerca piuttosto interessante condotta dalla FurScience.com[20], altresì un indagine tesa a comprendere i numeri, le percentuali, la presenza di artisti basata su di un campione X di Furries. Stando alle statistiche, il 55% dei Furries non si ritiene né un artista, né uno scrittore. Il restante 45%[21] della comunità di riconosce quindi come artista o scrittore su vari livelli, derivanti dalla loro dedizione a questo hobby nonché dalla loro bravura nel realizzare opere letterarie o grafiche. Del resto, è innegabile che l'arte (soprattutto visiva) sia fondamentale all'interno della comunità, questo perché detiene il potere di rappresentare l'identità di un Furry in modo concreto. Come fare quindi ad ovviare alla presenza relativamente bassa di artisti, in una comunità che tendenzialmente macina chilometri e si estende gradualmente proprio grazie a questi ultimi? La risposta ricade quindi sulle commissioni, la concretizzazione della già citata economia dell'intelletto.

Per mezzo della commissione (elemento non proprio economico per il richiedente, almeno dal punto di vista monetario), un'utente del Fandom chiede la possibilità ad un artista presente in quest'ultimo di realizzare un opera d'arte per mezzo delle sue idee. L'artista, a questo punto, decide il prezzo a cui realizzare l'opera e quindi i termini "del contratto". L'immagine, una volta completata, viene quindi inviata all'utente richiedente e pubblicata sul profilo dell'autore stesso. Ma perché tutto questo? Abbiamo detto che FurAffinity è una comunità che serve più come da vetrina per le persone che, all'interno del Fandom stesso, hanno una componente artistica. Si viene quindi a creare una sorta di rapporto simbiotico tra il Furry e la comunità interna: "Io ti do arte, modo con cui la gente potrà parlare di voi, ma tu (comunità) mi dai spazio per essere visto ed apprezzato". A questo ragionamento, deve quindi aggiungersi la componente più grossolanamente definibile come "economica": "Io svolgo un lavoro per te ma voglio qualcosa in cambio". Se allora la situazione della commissione non è intesa come un semplice scambio di beni intellettuali e creativi (appunto, lo *scambio* di opere d'arte non finalizzato ad un guadagno, una seconda forma più fine di commissione utilizzata all'interno della comunità), diviene un vero e proprio oggetto di mercato.

Del resto, come abbiamo visto in nota 21[21], la stragrande maggioranza degli artisti che hanno la possibilità di richiedere commissioni è formata da membri della comunità che vanno dai 23 ai 32 anni; stiamo parlando di persone in età universitaria o comunque da "College", individui che potenzialmente hanno sviluppato un rapporto non solo di lavoro ma anche o esclusivamente di studio. Studenti part-time o a tempo pieno, sfruttano quindi le possibilità garantite dal Furry Fandom per creare arte che, sostanzialmente, dà loro la capacità economica necessaria per pagare i propri studi e proseguire nel percorso formativo da loro intrapreso. Quello dell'artista del Fandom è difatti un vero e proprio lavoro: egli deve sottostare a scadenze, quindi deve cercare di fare il possibile per garantire all'acquirente qualcosa che, alla fine, possa soddisfarlo. Pur essendovi garanzie di reso o comunque "Soddisfatti o rimborsati" (che, specifico, non vengono offerte da tutti), l'artista del Fandom deve fare in modo di produrre un elemento o un opera d'arte che, per quanto virtuale, possa portare ad un compiacimento intellettuale che vada aldilà del fine lucrativo. Insomma, disegno si per hobby, ma anche per permettermi cose o dei semplici lussi che altrimenti non potrei permettermi in altro modo.

Nel corso del tempo, insorsero però delle problematiche. All'interno del Fandom, alcuni Furries si fecero avanti e proclamarono a gran voce la loro posizione. "E' una vergogna che vengano utilizzate comunità online per vendere prodotti", dicono alcuni; "Non è possibile che una sola recensione negativa possa affossare la reputazione di un'artista", replicano altri. Il mondo che si aggira intorno alla commissione si presenta quindi come una medaglia dal doppio volto: se da un lato parte della comunità osservatrice si pone contro l'Artista, sfruttatore del Fandom a proprio uso e consumo, dall'altro abbiamo l'artista stesso che detesta gli odiatori (nel gergo di internet, "Haters"), detentori del gusto e della critica, capaci di affossare un artista e di elevarne un altro per semplici questioni personali (quindi non per forza legate all'arte prodotta e quindi alla sua qualità). Ma cosa impatta sulla qualità di un opera? Questa domanda diventa essenziale per un Furry che inizia a parlare con un artista per stendere le sue richieste: cos'è definibile bello? Quando posso reputarmi soddisfatto di un lavoro prodotto da un altro? Come abbiamo già accennato, la bellezza non è oggettiva, poiché determinata dal gusto soggettivo di una persona nonché dalle sue aspettative, quindi dalla sua cultura, dalla sua capacità di osservare e di comprendere un opera d'arte. Quindi, quando un Furry deve ritenersi soddisfatto di una commissione? Purtroppo, rispondere a questa domanda è impossibile. E' però possibile rispondere ad una seconda domanda; altresì, cosa impatta sul giudizio di un commissionante nonché sulla produzione concreta dell'opera?

Stando alla logica dei fatti, ai commenti ritrovabili su FurAffinity o altri Social Network/comunità deputate alla divulgazione di opere d'arte, un commissionante è certamente condizionato dal suo gusto, dal rispetto delle condizioni dettate all'artista e quindi dalle sue aspettative. Se il commissionante si pone delle aspettative troppo elevate (come il mantenimento, da parte dell'artista, di una certa tavolozza di colori, un determinato pattern grafico o ancora uno stesso stile) allora potrebbe essere deluso quando, alla fine della trattativa, vedrà l'opera finale. Al contrario, una terza parte al contratto di commissione, potrebbero illuminarsi gli occhi nel vedere una tavola, ma per il semplice motivo che quest'ultimo non aveva aspettative, non nutriva interesse per la fase di creazione dell'opera. In altre parole, il suo godimento era assicurato dalla semplice emissione del disegno.

Dall'altra parte, l'artista potrebbe creare un capolavoro o meno, ma sempre condizionato da variabili direttamente imposte da quest'ultimo o del tutto indipendenti da lui: la mancanza di tempo, imprevisti che portano l'autore dell'opera ad abbandonare il suo pennello, l'assunzione di troppe responsabilità o di un tema che addirittura potrebbe non piacere, quindi il fatto di accettare fin troppe commissioni in un periodo di tempo troppo breve. La fretta di concludere qualcosa, il tema trattato o il personaggio centrale della vicenda potrebbero scuotere l'animo del creativo che, a sua volta, potrebbe arrivare ad osare, adottando comportamenti che poi vengono ritrovati sulla tavola finale. Un cambio brusco di stile, l'adozione di strumenti creativi che non si sanno utilizzare fino in fondo o alleggerimenti dell'opera, rimozioni del tutto arbitrarie di alcuni punti chiave, quelli che sarebbero dovuti essere degli arricchimenti qualitativi.

L'ultimo punto che porta il rapporto tra commissionante e artista qualcosa di indefinibile e di sottile, un equilibrio che prosegue sulla lama di un rasoio, è quindi il prezzo. Un artista potrebbe richiedere per una tavola 20€, un altro 40, altri ancora 100 o 200. Spesso, alcuni Furry pensano che un prezzo maggiore sia sinonimo di garanzia, di più dedizione al lavoro, portando quindi le loro speranze, i loro desideri e le loro pretese ad un livello maggiore. L'opera, una volta conclusa, può essere quindi sottostimata: non importa quanto sia bella, ma l'ho certamente pagata troppo; mi aspettavo dell'altro. La commissione potrebbe aver rispettato il canone stilistico del disegnatore, quindi le richieste effettuate dal richiedente, ma se questi si ostina a sottovalutare il disegno, l'autore non può fare altro che silenziare quest'ultimo o dargli la quota spesa, tutta o in parte.

Il rapporto fra commissionante e artista non è però così netto nel suo disequilibrio. Vi sono casi in cui l'artista o il commissionante stesso falliscono completamente: il primo non conclude un pagamento in tempo e quindi non lo salderà mai, o il secondo non riesce a produrre l'oggetto di desiderio del Furry (nel caso meno grave, produce si una tavola, ma con evidenti tratti di scarsa creatività, creando riproposizioni banali, ritrattazioni di argomenti rinvenuti altrove o quant'altro).

Alla luce dei fatti, quella della commissione come uno dei tanti motori centrali del Fandom è sì una squisita realtà, ma purtroppo -come tutto ciò che deriva dall'intelletto umano- ha una matrice di fallibilità intrinseca, la quale ricade non solo sul gusto del commissionante, bensì sul portafogli dell'artista.

Propaganda ed espansione del Fandom spiegata dalla scienza

A sua volta, l'arte o comunque la componente sociale del gruppo ha permesso al Fandom una continua espansione su più livelli. Abbattendo gli ostacoli linguistici, culturali, etnici e religiosi posti dinnanzi al suo cammino, il Furry Fandom è cresciuto e ha ottenuto una diffusione globale. Ma come si estende una cultura? La scienza è propensa a vedere il Furry Fandom come un vero tratto culturale, al pari della lingua stessa, della religione, delle ricette nate in un determinato paese o di un album musicale, un film o una serie TV, quindi marche di computer o cellulari, automobili, fino ad arrivare al modo in cui un azienda tratta i suoi dipendenti. Tutto ciò che un uomo vede è cultura, tutto ciò che un uomo sente di essere è la sommatoria di più tratti culturali che definisce l'identità. L'Essere Umano e la sua individualità, la sua singolarità e unicità nel mondo, è contraddistinto dagli altri individui della sua specie proprio grazie ai tratti culturali, nonché il loro rapporto intrinseco[22].

In breve, per evitare di annoiare il lettore con spiegazioni prolisse che poco hanno a che vedere con il nostro discorso, se non per capire il sistema con cui il Furry Fandom si è espanso, tutto è partito da una fucina culturale. La Fucina culturale di cui stiamo parlando è il luogo in cui il tratto culturale ha avuto origine e quindi diventato concreto. Nel caso del Fandom qui studiato, la fucina culturale di partenza potrebbe essere la sede di quella rivista creativa nonché fumettistica chiamata Vootie. Scrivo "Potrebbe" perché, vista la nascita travagliata e priva di fondamenti logici su cui si basa il Fandom, la Fucina Culturale, nel senso più esteso, potrebbe essere la stessa America, più precisamente il Nord. Corredata da eventi apparentemente non relazionabili fra loro, l'America potrebbe essere quell'entità geografica che, senza alcun impedimento, potremmo definire vera fucina culturale del Fandom e quindi della sua sotto-cultura.

A questo punto, creato il tratto culturale, si passa alla diffusione dello stesso. Se inizialmente il Furry Fandom si era sviluppato per mezzo di congressi poco affollati, ecco sorgere Alt.Fan.Furry che, conseguentemente, ha portato alla divulgazione della cultura a tutti quei neo-internauti che entrarono in contatto con questo portale nella Usernet. Poco importa se dopo il primo accesso, questi internauti abbiano o meno deciso di aderire a questa cultura dalla natura particolare se non indecifrabile, l'importante è che questi ultimi siano entrati in contatto con questa realtà e che, volente o nolente, ne abbiano parlato. Il passa-parola fece in modo di rafforzare la presenza di Alt.Fan.Furry nella rete e quindi il suo seguito.

Oltreoceano, del resto, non tutti parlano italiano, russo, tedesco o portoghese. Grazie a questa diversità linguistica garantita dalla storia dell'Europa nonché dalla storia Americana, gli inglesi furono in grado di accedere a questo portale e di comprendere il suo contenuto. Il semplice fatto di effettuare un accesso nella piattaforma di Alt.Fan.Furry, permise agli utenti della Gran Bretagna di portare il Furry-Virus nell'Europa geografica.

Il concetto del *Furrismo* verrà potenziato ulteriormente grazie a congressi ed eventi apparentemente marginali, quindi scarsamente importanti ma che poi, grazie ad individui provenienti da altri Stati, hanno subito una mutazione. L'esiguo numero di partecipanti nelle prime convention proseguirà il suo cammino su scala logaritmica, accrescendosi man mano sempre di più. Il numero crescente di partecipanti, portò quindi gli organizzatori degli eventi ad adottare strategie diverse di gestione, indi per cui la creazione di piattaforme sociali tematizzate nonché calendari di eventi pre-designati.

Il numero di portali si eleva sempre di più, ed ecco che all'interno di questi ultimi gli artisti iniziano a dare un contributo nell'espansione della cultura. Grazie ai loro disegni, i motori di ricerca sempre più moderni e accessibili, indicizzano nella loro biblioteca sempre più pagine e sempre più files che, ben presto, diventeranno facilmente rintracciabili da chiunque.

Proseguono le convention, i portali online continuano ad accrescersi e il pubblico aumenta. Se inizialmente i disegni di arte prodotti dalle comunità sembravano pochi, a fronte di un quantitativo maggiore di socialità trascorsa su Forum e similari, ecco che i portali tematici iniziano a devolvere ai loro utenti maggiori possibilità, tra cui la pubblicazione del tutto libera di arte digitale. E' quindi l'arte digitale a fare il primo passo, a presentarsi presso la comunità come elemento attrattivo nei confronti delle persone che, in quel momento, del Fandom non conoscevano ancora nulla.

Immagini di animali antropomorfi vengono pubblicate su Facebook, Twitter, Instagram e in tutte le reti sociali disponibili per mostrare realizzazioni artistiche congegnate da un creativo... ma il riflesso che si ottiene da parte del pubblico è quello di una domanda: "Da dove proviene tutto questo?". L'arte diventa quindi il biglietto da visita del Fandom, l'annuncio su una bacheca di un insegnante di matematica da cui viene strappato un numero di telefono. I neo-Furry, affascinati dall'opera d'arte come mezzo di interpretazione della vita mondana nonché dello stile di vita dei membri della comunità, rimangono attratti dal fascino della tavola. Il maestro insegna ai suoi seguaci come realizzarne qualcuna e, ecco che i neo-Furry divengono artisti. La comunità presente in rete, ormai priva dell'impedimento linguistico sorto qualche tempo prima, abbattuto grazie ai traduttori automatici in e off browser, aumenta esponenzialmente il quantitativo di artisti su cui fa affidamento, quindi nascono le commissioni.

Se nel sottofondo la musica pop proveniente da Hotel di tutto il mondo sta addolcendo o rendendo più "energico" un convegno di *dog-people*, ecco che sullo schermo del proprio computer sorge una nuova realtà, priva di impedimenti.

A conclusione di ciò, appare evidente come l'arte abbia un ruolo preponderante nel Fandom. Del resto, quando su Facebook condividiamo qualcosa proveniente da questo mondo, non parliamo di storie o racconti (comunque con un grado di importanza piuttosto elevata), bensì foto di gente in costume nonché l'arte, quella realizzata a mano libera, per mezzo di un computer, servendosi di una semplice tavoletta grafica ed un programma. Il genio creativo del Fandom è l'elemento che ha portato questo mondo ad espandersi, ad abbattere le barriere linguistiche e a crescere come comunità artistica.

Creatività: l'elemento fondante del Fandom

La definizione che Treccani dà al termine Creatività è interessante se nonché molto semplice da comprendere. L'istituto dell'Enciclopedia Italiana fondata da Giovanni Treccani, esplica il termine precedentemente citato come *"Virtù creativa, capacità di creare con l'intelletto, con la fantasia"*. Senza creatività, ecco che quei beni trainanti l'economia dell'intelletto, altresì semplici rappresentazioni grafiche e visive, non esisterebbero. L'assenza di creatività nel Fandom avrebbe ordunque portato la comunità stessa a divenire e a rimanere sconosciuta.

E' la creatività che, come abbiamo accennato nelle righe precedenti, è da vedersi come un documento, quello stesso pezzo di carta attaccato su un palo da uno studente per fare ripetizioni.

Orsi polari posano presso EuroFurence 2014 - Rsa (CreativeCommons)

Se quella persona, quello studente non avesse mai appeso a quel palo quel documento e quei numeri di telefono, ecco che la sua speranza di aiutare qualcuno nella comprensione dell'arte aritmetica e quindi guadagnare qualche spicciolo sarebbe svanita nel nulla.

La creatività, del resto, è anche l'arte dell'arrangiarsi; trovare sistemi creativi o alternativi per risolvere dei problemi o delle difficoltà che, sotto un determinato aspetto, appaiono impossibili da superare. Quel genio interno in ognuno di noi, quella vocina nella nostra mente che ci permette di vedere le cose che abbiamo tutt'intorno a noi in un modo diverso. Questa è la creatività: l'arte di vedere le cose con gli occhi della mente, quindi rigirarle come un calzino, mostrando il loro lato interiore, fonte di ispirazione per una qualsiasi storia o un qualsiasi quadro, una qualsiasi canzone o una qualsivoglia melodia.

Treccani, del resto, ci ricorda che la Creatività è anche quel mezzo con cui il nostro "noi" psicologico si rivolge ai problemi con più o meno sensibilità, produrre quindi idee, realizzare qualcosa, ideare una trama, essere in grado di sintetizzare al massimo un discorso, avvalendosi della propria capacità di definire e strutturare in modo migliore le proprie esperienze o le proprie conoscenze.

Tutto può essere considerato emanazione di questo genio creativo condiviso da tutti gli Esseri Umani e, forse, tutti gli animali: la forma di un ipermercato, una ricetta per creare il sugo di una pasta, una melodia comprendente più o meno note, una poesia, un disegno... un opera al cui interno viene racchiusa una storia per mezzo del potere della sintetizzazione. Non a caso, quando guardiamo un disegno banale ma che racchiude una certa profondità, ci sentiamo di dire "Quest'opera è ispiratrice"; ma perché accade? Ebbene, aggirandomi su FurAffinity mi sono trovato nella stessa identica situazione. In un disegno di SuoKumi, un lupo antropomorfo di colori scuri passeggia, con occhi a mezza palpebra e museruola, dinnanzi allo skyline di una città tormentata dalla pioggia e da quella che ci si sentirebbe di definire "Nebbia". Era un disegno certamente semplice, con ben pochi elementi caratterizzanti... ma mi sono sentito di dire che quell'opera fosse un prodotto creativo in grado di "Ispirare"[23]. E' da qui che vorrei far partire la nostra trattazione sulla creatività unita allo spettacolare mondo del Fandom, da un disegno che, per quanto semplice, è in grado di sollecitare la mente anche del meno creativo.

Nel guardare quell'opera, ecco che si viene assaliti da storie improbabili, dalla matrice più strana: "un governo dittatoriale impone il silenzio su tutta la popolazione", "l'unico essere antropomorfo della città viene deriso dai suoi abitanti che, puntualmente, lo obbligano ad indossare una museruola", e così via, nei meandri della mente. Tale disegno è la perfetta rappresentazione di quanto stavamo dicendo prima: il sentimento del personaggio, le caratteristiche di quest'ultimo, quindi l'ambiente che lo circonda sono elementi che permettono all'osservatore di capire cosa fosse successo in origine. La trama di fondo, l'elemento scatenante di quello scatto ritraente l'immagine di un *Homo fictus* che certamente ha una sua storia, capace di cambiare a seconda della mente che osserva quei tratti.

Prima di proseguire è però bene farsi due domande di partenza. Se la prima riguarda il quando, la seconda è relativa al cosa: quando la creatività del Fandom inizia ad essere trasmessa per mezzo dell'arte? E, cosa è definibile arte del Fandom? Nel primo caso, la risposta è più o meno semplice: ci troviamo negli anni '80, quando alcuni fumetti indipendenti vengono pubblicati e venduti per mezzo di negozietti di cannabis, quindi quando la fantascienza e il fantasy degli stessi anni iniziano a fondersi. Ne abbiamo già parlato nella seconda parte di questo libro. Per quanto riguarda la seconda domanda, la trattazione del problema si rende più lunga e sommariamente più complessa. Dicendo sin da subito che l'arte del Fandom viene trasposta nel concreto non solo per mezzo di disegni realizzati a mano o

Una volpe con in mano il succo di lime - Hopesa (CreativeCommons)

per mezzo di computer, ma anche per mezzo di poesie, rielaborazioni letterarie, FurSuit, artigianato nonché musica, è assai difficile determinare cosa sia un emanazione della comunità (in gergo, "Arte Pelosa" o "Furry Art") e cosa non lo sia.

Per rispondere a questa domanda è stato necessario effettuare qualche ricerca qua e là, saltellando da una piattaforma messa a disposizione dei Furry e quindi passando ad un altra. Per mezzo di questa tiritera passata ad analizzare i pensieri degli interni, ecco che si è scoperto esistere principalmente due scuole di pensiero. Secondo alcune opinioni, tutte le produzioni artistiche che sono messe in circolazione dentro e fuori il Fandom (stiamo parlando dell'arte porno-erotica di Rukaisho, quella sportiva di AbananaMan, la più fine di FiueFey, quindi dei cartoni animati Disney e Warner Brothers) sono definibili per definizione "Furry Art". Essendo che tutte queste realizzazioni sono accomunate dalla presenza di animali antropomorfi (si confronti "MahaloCheetah"[24] con Zootropolis) sono e devono essere racchiuse nello stesso cluster. Ebbene, stando alla seconda idea di suddivisione, molto più selettiva e dittatoriale rispetto a quella presentata precedentemente, le rappresentazioni create dagli artisti del Fandom (a titolo di esempio, Rukaisho, AbananaMan, FiueFey) sono -per definizione- arte pelosa, mentre quelle realizzate all'esterno del Fandom (Disney e Warner Brothers, quindi fumettisti e altri artisti) non sono definibili Arte Pelosa.

Tra le due definizioni, sorprendentemente è più corretta la seconda[25]. L'arte pelosa non è infatti la trasposizione di un animale sotto forma di uomo, o caratterizzato da elementi che lo portano a rassomigliare l'Essere Umano, bensì è l'artista stesso, il Furry, a dare l'imprinting alla sua opera d'arte.

Se solo l'arte Furry dovesse raccogliere tutta la produzione antropomorfa della storia, allora ecco che nel cluster degli artisti mondiali ritroveremo anche persone che -molto probabilmente- non sanno nemmeno dell'esistenza del Furry Fandom. A questo punto, la domanda è semplice: come fai a creare qualcosa che esiste, senza sapere che già c'è? Provate a chiederlo a Byron Howard e Rich Moore, registi del già pluricitato Zootropolis.

Rimanendo sulle fila di questo discorso, ricordo al lettore che nel Furry Fandom vi è anche una massiccia presenza di fotografie, musica e letteratura, tre elementi che tradizionalmente non possono essere definiti Furry o non Furry. Come si fa a definire un sottofondo musicale, una musica d'ambiente o, ancora, una poesia, Furry o non Furry? Una prova concreta, diretta, per esplicare meglio questo passaggio è quindi il seguente: se tutte le poesie che vedono come protagonista un animale peloso sono considerabili Furry, allora anche quella di Senofane di Colofone[26] sarebbe tale, indi per cui quella di Evgenij Evtusenko[27]. Quindi, la stessa domanda già posta ritorna ancora: come possono delle note essere considerate Furry o non Furry? Questo concione ci porta quindi a dedurre una sola possibile interpretazione: l'arte Furry è realizzata da artisti che si ritengono Furry, quindi che sono oggettivamente dei membri della comunità *Furrica*.

E' d'oltremodo fondamentale segnalare al lettore che tali conclusioni vanno aldilà del vero scopo di questo libro, che quindi non rappresentino altro se non un piccolo dibattito, un arringa requisitoria nei confronti del tema. Si ricorda al lettore che è infatti importante detenere una propria idea e di fare il possibile per tutelarla, per fare valere quello che è definibile come pensiero individuale.

Tornando al punto da cui siamo venuti, cos'è definibile Furry Art? Qual'è la trasposizione concreta della creatività del Fandom? Come si manifesta la mente creativa e geniale del Furry Artist sulla tela? Tolta la parte musicale e letteraria che, seppur di grande interesse, hanno più un fine sociale che pubblicitario e propagandistico (difatti sono materiale alla mercé di chi già conosce il Fandom e quindi vuole sfruttarlo dal suo lato più comunitario-sociale), su quali figure o concezioni comuni può basarsi l'artista? Secondo Joe Strike, autore del libro *'Furry Nation: The true story of America's most misunderstood subculture"*, un artista del Fandom può riprodurre all'interno della sua arte quattro tipologie di Furry tipo. Qui di seguito esporrò le tipologie in base al loro rapporto "uomo-animale" in quota crescente: se nella prima tipologia l'essere umano prevarica l'animale, nell'ultima accade l'esatto opposto, con l'animale che prevarica le caratteristiche umane. Ebbene, al primo posto abbiamo quelle che vengono chiamate Nekomimi, altresì rappresentazioni che ricordano una fusione tra anime e manga. In questo cluster di personaggi, la figura più rappresentata è quella della donna o della ragazza-gatto, i cui accessori resi visibili in modo palese su tutto il suo corpo sono in grado di animare o comunque arricchire la sua personalità. Segue quindi l'uomo dalla faccia animale, la produzione più larga in tutto il Fandom, forse per via del fascino che questa è in grado di suggerire. In questo caso, la figura è nell'esatta metà fra l'essere uomo e l'essere animale: l'antropomorfo cammina eretto, su due zampe, ha braccia proporzionate e sguardo fiero. Ricorda in tutto e per tutto un Essere Umano, ma con una componente selvaggia, quella del volto animale che, spesso e sovente, ricade anche sull'aspetto morfologico dell'epidermide, spesso decorata con del pelo che segue lo stesso pattern grafico mostrato con il capo. Un corpo unico, non un collage pop zoocefalico come le divinità dell'antico Egitto. Con le rappresentazioni di questo tipo, si osserva un animale *omificato* in tutto il suo splendore...

...ma spesso tutto questo non appare sufficiente a stupire il prossimo. Se nel caso precedente abbiamo visto una creatura umana al 51% e animale al 49%, una sorta di Nicholas Phiberius Wilde da Zootropolis, ecco che il Fandom si sposta, dando alla luce una creatura umana

>49% e animale al <51%, quello che Strike chiama "Animale semi realistico" o che io chiamo "Animale semi-umanizzato". In questo caso, un esempio azzeccato è quello che viene proposto dallo stesso Strike sul suo libro "Furry Nation", i protagonisti di *"Home on the range"* (Reso in italiano come "Mucche alla riscossa") della Walt Disney. In questo caso, l'animale rimane in questa forma; ciò che cambia è infatti il modo di sentire, vedere le cose, percepire la vita e il mondo intorno a sé. In *"Home on the range"*, gli animali vengono umanizzati per mezzo della concessione data loro di un pensiero umano: non abbiamo più una questione che si percepisce solo a livello morfologico o anatomico, bensì a livello psicologico; la caratteristica intellettuale dell'animale, del protagonista.

In chiusura, Strike accenna a quelli che rinomina come "Ferals", altresì i selvaggi. Sotto questo nome, egli menziona tutte le creature che hanno una percentuale selvaggio-animalesca di molto superiore rispetto a quella umana. Utilizzando come esempio Zootropolis, ecco che nel film si parla proprio di questo passaggio, dall'uomo con il volto animale al "Selvaggio". Quando l'organismo dell'autista-pantera metabolizza il veleno degli ululatori notturni, da plantigrado diviene digitigrado, i suoi occhi si restringono e parte all'attacco, spinto dall'istinto. E' proprio questo l'elemento caratteristico che differenzia le entità precedenti da quest'ultima: un aumento drastico della parte istintiva, la quale surclassa di gran lunga la parte emotivo-razionale, quella che tendenzialmente guida (o mi vien da dire, "Dovrebbe guidare") noi Esseri Umani. Nel libro di Strike, l'autore associa il "Feral" a Simba de "Il Re Leone" della Disney, entità che per quanto umana o empatica, ha comunque una parte deputata all'elaborazione istintiva. Questo tratto o comunque osservazione, diventa quindi vivido se paragonato a Nick Wilde. Egli -nel corso della sua storia- matura un vero e proprio "Disturbo Post Traumatico Da Stress" ricollegabile ad un elemento scenico importante:

la "Museruola". Tale elemento -o comunque evoluzione-, ha quindi un grande impatto su tutta la trama del film, difatti, questa umanizzazione è in grado di rendere questo furfante-Wilde molto più umano di quello che vorrebbe far credere. Egli stesso veste una maschera da Feral, da selvaggio, oltre che evasore fiscale, concretizzazione della sua parte di inciviltà... ma tutto questo si verrà a scoprire dopo, sulla funivia, quando lascia da parte la recitazione e si pone nei confronti della coniglietta come un vero e proprio "Uomo dal volto animale".

Con questi elementi si può quindi giocare: gli artisti possono creare storie -per mezzo dei loro quadri- giocando sulle rappresentazioni, sulle identità dei personaggi e quindi sulle trasposizioni dell'umanità più sincera. Ad ogni modo, nella creatività e quindi nella rappresentazione di tali elementi particolari subentra un altro contesto molto criticato e spesso preso di mira dai mass media. Nel dire ciò, accenno alla produzione (alla "copiosa produzione", oserei dire) di materiale nsfw (Not Safe For Work). In questo paniere, ecco comparire i già citati disegni di Rukaisho, Thousandfoldfeathers e molti altri. Navigando su FurAffinity è impossibile non trovare nella propria Home page materiale a sfondo pornografico creato dai membri del Fandom.

La potenzialità della produzione pornografica all'interno del Fandom è comunque molto apprezzata. Artisti come Rukaisho creano sì opere erotiche basate sul sesso o sul feticismo di varie parti di un corpo antropomorfo, ma bisogna anche ammettere che tali opere (sebbene non tutte) sono state realizzate con una precisione certosina tale da renderle seriamente affascinanti. Quando si guarda una tavolozza di alcuni di questi creatori, ci si dimentica quasi di quello che si sta osservando: si studia il disegno, la tavola; il contesto magicamente viene superato. Si osservano i dettagli.

Con i contenuti nsfw si intende (purtroppo) anche la

pratica dell'emulazione. Se il contenuto di un artista famoso o poco famoso segue questa matrice e, come risultato, ha quello di ottenere un seguito sempre maggiore, ecco che allora l'(e)nsfw viene prodotto perché piace ed è apprezzato su vari livelli. Il fascino del proibito diviene quindi concetto trainante del fenomeno, parimenti ritrovabile nella moltiplicazione delle immagini Not Safe For Work all'interno dei Social Furry. Una gara all'ultima interazione, alla creazione più pornografica, più affascinante, spinta, più controversa. L'nsfw diviene quindi sì concretizzazione della creatività del singolo, diviene sì materiale su cui possono essere effettuati scambi o commissioni, ma anche una vera e propria competizione creativa a cui tutti hanno libero accesso. Una gara sociale che si estende.

E' quindi il momento di fare un viaggio interessante: prendi il tuo smartphone o il tuo computer, apri il browser di ricerca o Safari, quindi scrivi FurAffinity, DeviantArt o Side7. Osserva con i tuoi occhi le rappresentazioni visive create dai membri del Fandom. Non è solo arte.

Prima di passare oltre vorrei però analizzare l'interessante aspetto della Furgonomia (o Furgonomica), altresì quella scienza nata dentro o entro il Fandom il cui oggetto d'indagine è lo studio del rapporto tra oggetti e animali antropomorfi. La Furgonomica ("Fur(ry)+Ergonomia"), come si legge sulla pagina dedicata nella WikiFur inglese, *"è lo studio teorico di come un mondo abitato da personaggi pelosi differisca da un mondo umano"*. Stando così le cose, abbiamo due livelli di sottigliezza descrittiva; se la prima costituisce un differenziamento sommario relativo alla separazione dei regni legati a preda e predatore, la seconda studia in modo più sottile le differenze fra uomo e animale, riportando quindi gli esiti di queste analisi sulla rappresentazione concreta o teorica di beni di consumo, politica, organizzazione, linguaggio ed elementi ad essi correlati. Per fare un esempio, citiamo Zootropolis. Nel mondo animale popolato da entità simil-umane, nessuno, se non pochi, portano delle scarpe. La scelta di non attribuire calzature alla stragrande maggioranza della popolazione è dovuta a tre principali questioni:

– Dal punto di vista della trama, la zampa degli animali umanizzati di Zootropolis ci permette di capire se questi sono sotto gli effetti dell'ululatore notturno (camminata digitigrada) o, al contrario, vivono una vita civilizzata (camminata plantigrada). Si veda l'autista del topo, quindi lo stesso Wilde che, per simulare il contagio da ululatore notturno, non solo cammina a quattro zampe, ma le zampe posteriori assumono una postura più selvaggia, appunto "digitigrada",

– In secondo luogo, i creatori di Zootropolis pensavano che il fatto di non dotare i loro personaggi di scarpe li rendesse più animali. Su una scala da uno a cento, i protagonisti di Zootropolis sono 50.5% animali e 49.5% umani.

– L'ultima ragione che esplica il motivo per cui stimo aprendo questa discussione è proprio l'elemento della furgonomia. Quando i disegnatori stavano realizzando le bozze dei personaggi, sono arrivati al punto da farsi una domanda molto intelligente: vista la diversità di zampe proposte dal mondo animale, come sarebbe possibile creare tutta quella varietà di scarpe? Per risolvere tale problema, i creatori di Zootropolis hanno pensato bene di dotare di scarpe solo i personaggi con ruoli privilegiati (per esempio, Gazelle).

Ad ogni modo, la prevalenza o comunque la presenza di questi studi è osservabile anche per mezzo dell'arte del Fandom. Gli artisti della comunità si trovano a dover creare e idealizzare, almeno a livello concettuale, degli stratagemmi per rendere degli oggetti umani utilizzabili anche da animali umanizzati. Mobili, elettrodomestici, installazioni varie, dispositivi di interfaccia utente come, per esempio, le tastiere, ma anche i vestiti, sono tutti elementi che ad oggi noi siamo in grado di utilizzare poiché studiati per la morfologia tipo di Essere Umano: gambe, braccia, busto, testa, collo, mani, piedi, orecchie, naso... un animale umanizzato ha però zampe di diversa tipologia, grandezza e forma; può come può non avere una coda; avere cinque dita per mano come può averne quattro; ha un muso prominente, orecchie più alte; insomma, una serie di differenze che portano a dover riscrivere la storia nonché la forma di un oggetto anche banale. Nel caso dei pantaloni, l'autore di un disegno o comunque di un animazione dovrà pensare di realizzare un buco all'altezza della vita per far passare una coda; creare dei risvolti che vadano sopra alla zampa, strutturare in modo differente le tasche e la loro posizione, creare una forma completamente nuova.

La Furgonomia assume una preponderanza differente quando l'omotipo Furry, all'interno di una determinata area più o meno fittizia, ha una certa preponderanza che però non supera quella della popolazione tradizionalmente umana. In questo caso, sarà il Furry a doversi adattare ad elementi studiati per l'essere umano. In caso contrario, se dovessero esserci pochi umani in un mondo popolato da Furry, allora saranno questi ultimi a doversi adattare alle condizioni in cui vivono i primi. Secondo WikiFur, esiste anche la possibilità che una determinata civiltà composta da *Homo fictus* si sia evoluta nel corso del tempo, portando ad una crescita non solo di una delle due componenti, bensì entrambi. In un mondo dove la percentuale di Furry presente è più o meno assimilabile a quella degli Esseri Umani, allora ecco che -quasi certamente- nascono delle facilitazioni di comodo: esisteranno quindi più tipologie di pantaloni per adattarsi a quante più categorie possibili di civiltà.

La furgonomia è essa stessa descrittiva della creatività insita in un utente: è il sistema per mezzo del quale un artista sviluppa o crea *ex-novo* delle soluzioni a problemi derivanti dalla natura stessa dei suoi personaggi. La furgonomia è parte integrante e non distaccata del mondo che l'artista immagina e quindi traspone per mezzo di colore e un piano di lavoro. Tale scienza è essa stessa concretizzazione non solo della creatività ma anche della trama di fondo.

Lifestyle del Furry e il suo rapporto con la natura

Ecco quindi che ritorna ancora una volta quella mia corrispondenza con la Dottoressa Gerbasi. Incuriosito dalla natura di questo Fandom nonché dai suoi membri, la domanda relativa al Lifestyle adottato da parte di questi ultimi, nonché la loro vicinanza con l'elemento naturale è stata quasi spontanea. Nel porla alla dottoressa, ella mi rispose dicendo che *'Pensiamo ci siano dei benefici nel benessere di coloro che sono collegati al Fandom. Anche se non possiamo fare una pretesa di causalità, possiamo però fare delle correlazioni. In generale, agli Esseri Umani piace essere associati a simili, questo ci fa sentire bene (...). Per quanto riguarda i Therian, la connessione con la natura pare piuttosto ovvia, ma non sono così sicura che sia lo stesso per i Furry'*[28-5].

Tralasciando l'argomento aperto dalla dottoressa, quindi la questione definita "Therian" (di cui parleremo più avanti in un capitolo ad hoc), Gerbasi fa delle buone osservazioni in merito non solo al rapporto naturale, ma anche sociale. Ebbene, come dice la professoressa, un Furry non è obbligato ad adottare uno stile di vita rispettoso della natura o, ancora, riconoscersi in essa; difatti, tale prerogativa è diffusa soprattutto in quel sotto-gruppo di Otherkin chiamato Therian. Il Furry è quindi il semplice seguace di una comunità, caratterizzata quindi da pregi e difetti, cooperazione e individualismo, regolamenti e norme, costumi e usanze.

Non tutti i Furry sono però dei Lifestyler. Esistono membri del Fandom (chiamati "Hobbyist") che difatti si limitano a seguire i propri artisti preferiti, si nascondono dietro ad una Fursona e vivono una vita comunitaria limitata all'interazione, il "Mi piace" o il "Commento" redatto sotto un immagine, un opera d'arte. Difatti, Joe Stike dice che le azioni o comunque i comportamenti adottabili da un Furry sono riassumibili per mezzo di dodici punti:

- Il fatto di avere una Fursona è qualcosa di fondamentale. Con essa ti rappresenti e dici pubblicamente di voler entrare a far parte di quel gioco di ruolo chiamato "Furry Fandom". Quando entri nel social network o sulla piattaforma tu sei il tuo Avatar, mettendo quindi da parte il tuo background lavorativo o sociale. Tu sei un animale antropomorfo.

- Collezionare e/o disegnare arte pelosa è quindi un elemento importante. Per mezzo di questa pratica, o si contribuisce ad estendere il Fandom e la sua comunità per mezzo di quella che potremmo definire "Propaganda involontaria" o, ancora, si dà motivo di esistere a quest'ultima. Come dice Vittorio Spinazzola, "Si scrive per essere letti o, per lo meno, leggersi". In un Fandom, possono essere infatti prodotte tonnellate di materiale grafico ma, se nessuno è lì per osservarle, per guardarle, ammirarle e condividerle, tale produzione risulta effettivamente inutile; un foglio bianco pieno di colore dalla dubbia utilità ludica o intellettuale.

- Strike ricorda quindi la centralità delle convention; infatti, sul suo terzo punto, si legge "Partecipare ai congressi Furry". Per questo punto ho cercato delle informazioni aggiuntive da parte dei membri del Fandom. Tramite Quora, la mia Fursona è andata oltreoceano per incontrare quella di Adam Hartline, un esaminatore delle comunità sociali online-based. Egli, in modo chiaro e lampante, apre la sua risposta dicendomi *Per incontrare le persone, gli artisti, gli attori, ecc. con cui hai parlato/di cui hai sempre parlato in un territorio neutrale*". Hartline, per mezzo di questa osservazione, ci permette di capire che la gente va in questi congressi o sfrutta questi eventi sociali per incontrare dal vivo persone o personaggi con cui ha parlato per mezzo della rete. Il congresso è quindi la scusa che permette ai Furries provenienti da ogni parte del mondo di incontrarsi in un unico luogo fisico. Quest'ultimo permette loro di "avvicinarsi" e capire -per mezzo di un rapporto meno distaccato, quindi più amichevole- con chi stavano parlando da dietro lo schermo. Hartline va quindi oltre e ci dice che *"L'impostazione predefinita (delle Conferenze o Incontri) nel Fandom è quella di interpretare un personaggio. Alcune persone, come me, usano personaggi con caratteri congruenti: versioni migliori, più carismatiche di sé stesse; altri non tanto. Alla fine del convegno, ognuno prende le sue strade: gli artisti possono tornare alle loro vite, lontano dal loro stand"*[29-5]. E' quindi quel ritrovo *Una Tantum* che ha il compito di avvicinare più persone possibile; Esseri Umani che, in partenza, mostrano di avere almeno un carattere in comune, finisce per essere un uscita di amici virtuali, fuori dal Metaverso. Adam quindi conclude il suo discorso dicendo che la gente va in questi incontri per essere vista, per vendere la propria merce a tema, quindi per visionarla di persona, tastarla o testarla, altri per sfruttare le loro Fursuit. Insomma, anche in questo ambiente, l'apparente visione offuscata può essere vista come una realtà stratificata, fatta da più elementi che cooperano per creare un atmosfera e una permanenza molto particolare.

 — Strike poi prosegue parlandoci di un elemento di cui già abbiamo ampiamente discusso: comprare una Fursuit e quindi...

 — ...chiedere commissioni artistiche ai disegnatori o comunque illustratori del Fandom.

 — Un'altra nota interessante è quindi quella che viene dopo: "Decorare i propri spazi con immagini o con elementi/attributi di stampo *Furrico*". Del resto, anche se può sembrare strano, attaccare sulla porta un poster stampato di un lupo antropomorfo -disegnato da un artista della comunità- può essere un po' come attaccare ad un muro la foto di Elvis Presley o un cantautore simile.

 — Socializzare online o nella vita reale con altre persone che si ritengono o che sono oggettivamente Furry.

- Chattare online con altri Furry utilizzando la propria Fursona, quindi adottando un approccio d'immedesimazione; proseguire il gioco di ruolo di cui tanto stiamo parlando.

- Utilizzare la propria FurSuit a scopi ludici (Strike, sul suo libro, scrive "in casa"[30], ma personalmente la ritengo un esagerazione).

- Acquistare diverse Fursuit, quindi introdurre nel proprio LifeStyle una sorta di collezionismo compulsivo... arrivando a delapidare il proprio patrimonio economico.

- Prendere parte a più convention ogni anno. Utenti come Smove di FurAffinity lo hanno fatto e lo fanno tutt'ora, ma è normale che non tutti abbiano la possibilità di farlo. Partecipare a più convention implica infatti degli spostamenti più o meno lunghi che, per impegni lavorativi o questioni economiche, non possono essere supportati o nemmeno idealizzati.

- Infine, conclude Strike, pensare la propria personalità nonché individualità come una sorta di paniere contenente una parte del "Sè" umano, coadiuvata a sua volta da un "Sè" più immaginario, quello creato e reso reale dalla Fursona stessa.

Del resto, su alt.lifestyle.furry, si legge che il concetto di "Furry Lifestyle" racchiude un vasto raggio di attività, interessi e credenze: la presenza dell'alter-ego, l'identificazione in un determinato animale, la presenza di Spiriti guida, la volontà di indossare e quindi vestire delle maschere o dei costumi più o meno completi, i vestiti della propria Fursona, acquistare giocattoli o pupazzi che ritraggono elementi ricollegabili al Fandom, idealizzare la propria persona come Theriomorfica (si veda quindi la sezione sui Therian), affrontare discussioni filosofiche o parlare e quindi intrattenere delle corrispondenze con personalità che si definiscono Furry. Il fatto di essere Furry, secondo alt.lifestyle.furry, è quindi una realtà complessa dove sociologia, sessualità e psicologia si intrecciano, creando una sola cosa, un solo concetto.

Il fatto di seguire il Furry Fandom porta quindi la gente a definirsi come Furry. Secondo alcuni membri della comunità, il fatto di riconoscersi come Furry non dipende da "Ciò che si fa", bensì da "Ciò che si è". Seguire la comunità Furry attivamente significa dare libero sfogo ad una parte di sé, forse quella meno conosciuta. Ad ogni modo, il Fan Pelosi sono stati presi di mira e oggetti di critiche: parte dei membri del Fandom risultano infatti particolarmente negativi in quanto incapaci di gestire il loro rapporto con ciò che la comunità rappresenta. Questi ultimi vivono pienamente la loro vita all'insegna del *Furrismo*, dimenticandosi totalmente di selezionare quali situazioni tendono ad un rifiuto di determinate tendenze.

Ma cosa succede se il potere del Fandom, il Lifestyle da esso promulgato, si estende anche nella propria vita normale, quella da non-Furry? La risposta a questa domanda si trova per mezzo dell'insorgenza di gruppi che manifestano apertamente delle tendenze molto particolari. Uno di questi gruppi è quello dei TLKIAWOLers (The Lion King Is A Way Of Life), il quale racchiude -o, per meglio dire, racchiudeva- i fan sfegatati del film "Il Re Leone". Un secondo esempio è quindi rappresentato da "FreePaws", una pagina web che propone ai suoi internauti uno stile di vita focalizzato sul BareFoot come mezzo di avvicinamento alla propria Fursona. Per il lettore meno propenso alla lettura dei testi inglesi, quindi alla comprensione dei termini qui esplicitati, diciamo che il gruppo "FreePaws", altresì "ZampeLibere", propone la Camminata a Piedi Nudi come uno stile di vita che, per l'appunto, ripercorre le fila dell'arte *Furrica* o comunque del concetto da queste riportate. Siccome i personaggi del Fandom vengono spesso ritratti a "Zampe Nude" per via della presenza di artigli o similari, i membri del FreePaws hanno adottato il BareFoot come stile di vita, il quale sostiene o evidenzia la loro appartenenza al Fandom. Ad ogni modo, riporta la pagina WikiFur di

"FreePaws", vi sono Furries che partecipano agli incontri o alle convention a piedi nudi pur non avendo adottato il BareFoot come stile di vita.

Concludendo quindi la sezione accennando alle tendenze dei Furry in confronto all'ambiente naturale, si scopre che questi ultimi sembrerebbero non avere alcuna tendenza particolare degna di nota. Stando al lifestyle dei membri di questa comunità, il rispetto per l'ambiente è si fondamentale ma non rappresenta un chiodo fisso o comunque un elemento fondante. Alcuni Furries, del resto, sono contro il maltrattamento animale ma non contro la consumazione dei prodotti provenienti da questi ultimi.

Conclusione: il Furry Tipo

Chi è un Furry? Si nasce o si diventa Furry?

In questo capitolo abbiamo analizzato nel vivo la componente socio-scientifica di questo Fandom. Per concludere tale trattazione, ci avvaliamo quindi della risposta di un certo Bryan P. che, per mezzo di Quora, ha risposto ad una mia domanda: chi è definibile Furry?[31] Egli mi riferisce che, per quanto possa non aver mai acquistato Fursuit, per quanto si rifiuti di andare nelle FurCons, per quanto eviti di partecipare a discussioni su Forum, si sente Furry. Bryan, infatti, precisa questa sua posizione raccontandomi che già da prima del primo Anthrocon riservava un certo interesse nei confronti della Furry Art nonché per i fumetti e il mondo degli Anime, i quali vengono da lui viste come *"Forme d'arte che consentono l'espressione e la discussione ad un livello più identificabile, creativo e concettuale"*.

Il Furry è quindi un individuo che aderisce, per mezzo dei suoi interessi, ad un ambiente più vasto, all'interno del quale più persone condividono lo stesso fascino per una determinata emanazione artistica o concettuale. Come per ogni Fandom o comunità, le persone si riconoscono come membri di quel club più o meno esclusivo per mezzo della loro uguaglianza intellettuale. Come ci ricorda la Gerbasi, a noi Esseri Umani piace non sentirsi soli: il fatto di essere solo genera una sensazione di stranezza e incomprensione che, a lungo andare, potrebbe farci stare male sotto l'aspetto più psicologico. L'esistenza dei Fandom o comunque delle comunità, che esse siano o non siano online, permette a queste persone che si sentono uniche nel loro genere o nelle loro preferenze di trovarsi, comunicare, conoscersi affondo per capire cosa c'è che le unisce, aldilà del concetto o del contesto trainante del Fandom stesso.

Quella di creare delle piccole comunità accomunate dal desiderio di riunire persone che condividono qualcosa è un comportamento insito nella natura umana. Lo facevamo in passato, creando dei clan, delle tribù, che racchiudevano persone che si riconoscevano sotto l'uso di una sola bandiera, un solo linguaggio, una sola cultura; la stessa cosa la facciamo oggi: politica, musica, arte, intelletto, preferenze, fascino sono tutti elementi che permettono alle persone di riconoscersi. Non importa quanto si sia distanti gli uni dagli altri, che lingua si parli: siamo tutti Umani, uniti dalle stesse debolezze e dalle stesse forze, capaci in ugual modo di fronteggiare gli ostacoli che ci si pongono dinnanzi... e le comunità affrontano questo insieme, con la forza del gruppo; un gruppo che condivide sentimenti comuni per oggetti, pratiche o usanze usate come simbolo di unione internazionalista, interlinguistica e quant'altro.

Il Fandom messo in piedi dai *dog-people* è quindi la concretizzazione di un gioco di ruolo a cui tutti possono fare parte.

Come ci ricorda Strike per mezzo del suo libro, non esistono sfide, prove da superare, requisiti da detenere per entrare a far parte di questo micromondo, se non la propria passione sfrenata per l'arte antropomorfa, gli animali, il fatto di riconoscersi come membri di una comunità internazionale che già esiste; l'amore per scoprire qualcosa che pare oltre il confine del comprensibile.

The Pine Fur Con 2019 furry convention - Douglas Muth - CreativeCommons

La Gerbasi, del resto, confessa all'autore di Furry Nation che fu estasiata nello scoprire che uno dei suoi tanti studenti fosse un Furry. E' inutile dire che fu proprio da quel momento che l'interesse della Dottoressa nei confronti del Fandom si accrebbe, portandola a cooperare con un progetto che sarebbe nato di li a poco: "Fur-Science.com".

In questo capitolo abbiamo visto delle persone che sono in grado di sfuggire alla quotidianità e alla monotonia proposta dalla vita reale, questo per mezzo della creazione di un Metaverso più concreto che fittizio. Se Zuckerberg, fondatore di FaceBook e quindi di "Meta Inc." vorrebbe puntare alla creazione di un Metaverso, un mondo digitale senza limiti, ecco che i Furry lo hanno già fatto. Il loro Metaverso, fatto di rapporto sociale, Fursonas, personaggi-avatar per mezzo dei quali l'utente si può identificare, è già in piedi dagli anni '90, ancor prima della creazione del primo Metaverso riconosciuto pubblicamente: SecondLife, nato "solo" nel 2003.

Quello dei Furry è infatti un vero e proprio Metaverso, non solo una comunità. Dietro al proprio profilo si è un altra entità, libera di scrivere e interagire come meglio crede. Nessuno, aldilà di quella foto profilo, conosce la vera identità di quel personaggio. Nemmeno ai FurCons, salvo casi particolari, è possibile scoprire chi si nasconde dietro alla sua Fursona, dietro alla sua Fursuit. Il GDR, l'RPG, il Gioco di Ruolo del Fandom è un elemento che lo contraddistingue da tutti gli altri, tant'è che si arriva al punto di *deconcretizzare* la propria persona per entrare e recitare in una comunità diversa, pressoché di numero limitato, in grado di dare un altra visione del mondo; alleggerire la vita.

Tutto questo si materializza con la presenza di commissioni e soprattutto YCH[32], mezzi con il quale gli utenti possono concretizzare, rendere palese la loro Fursona, il loro avatar, in contesti diversi, il cui attributo comune è quello della presenza di arte e della creatività.

Il mondo del Furry Fandom, dipinto originariamente a

tinte fosche, appare quindi come un secondo universo composto prevalentemente da entità antropomorfe, una sorta di Mipple City virtuale. Tale universo, all'interno della mente degli artisti che compongono la parte creativa della comunità, nonché degli utenti passivi, pronti in ogni momento ad osservare le realizzazioni intellettuali di questi ultimi, subisce una crescita sempre più elevata per mezzo di una propaganda artistica che certamente non si arresta alla produzione e alla condivisione di materiale Not Safe For Work. Pornografia ed erotismo, certamente componente onnipresente nel Fandom, non sono altro che argomenti di confine e che quindi permettono a quest'ultimo di ottenere e di vivere una realtà più stratificata ed articolata.

Ma com'è il Furry Tipo? Certamente una persona comune, di svariato livello culturale, di età prevalentemente ma non limitatamente a quella adolescenziale, con occupazioni lavorative miste nonché indecifrabili, quindi con una passione legata all'arte antropomorfa. L'utente si sente un po' animale all'interno della comunità, forse perché spesso riflette sull'origine della sua natura. Presumibilmente, viste le usanze trasposte dal Fandom, la realtà che il Furry tipo si appresta a vivere è molto più vicina al mondo animale rispetto a quello umano. La sua curiosità, prevalentemente spinta sul lato artistico delle cose, viene alimentata dal mistero della vita e dall'origine animale del nostro stesso organismo. Tralasciando il sotto-gruppo dei Therian, l'utente o comunque l'individuo che prende parte a questo clan di uomini è affascinato dall'arte, dalla creatività come trasposizione dell'intelletto umano. Che riesca o che non riesca a produrre arte sufficientemente buona o di ottima qualità, egli prende parte attiva alla comunità proprio come uno dei più bravi artisti Furry. Rilascia i suoi disegni su portali, senza temere nei confronti di giudizi provenienti da altri. E' una comunità che stimola al colloquio tra più persone, una realtà dialogica, spinta soprattutto dalla produzione artistica, quell'emanazione di se che racchiude la propria individualità.

Il Furry Tipo è quella persona che se inizialmente si sentiva sola, incompresa e incapace di capire la sua natura e le sue preferenze, la natura di ciò che lo affascina, ora si trova all'interno di una comunità in continua espansione, capace di dar man forte a quest'ultimo per mezzo di una socialità che si accresce e che diventa onnipresente.

Senza limitazioni, imposizioni, etichette da seguire o comportamenti da rispettare, il Furry inizia a recitare una parte (come può benissimo decidere di non farlo). Si traspone in una realtà più o meno diversa da sé, forse con qualche caratteristica distintiva e che lo rende migliore di quello che è davvero. Monta menzogne, bugie... ma solo per gioco, per entrare in quel grande campo, in quella grande realtà in cui ognuno può scappare dalla vita moderna, quella realtà frenetica e soffocante per diventare o tornare ciò che vorrebbe essere davvero, un bambino. Il Fandom si fonda quindi sullo specchio del Fanciullino Pascoliano, come se fosse un emanazione poetica del subconscio all'interno di ognuno di noi: quella parte innocente, creativa, che ha voglia di scherzare, fare dell'autoironia senza la paura di risultare sciocco. Viene a crearsi un universo nuovo, senza impedimenti, ricco di creatività, unione e, soprattutto, divertimento.

La vita, del resto, è da affrontarsi con leggerezza...

...se non si vuole venire schiacciati da essa.

Torniamo un po' bambini: torniamo a sorprenderci per qualunque cosa, divertiamoci con poco, fingiamoci altre entità, altre individualità. Non c'è da vergognarsi... è nella natura umana. ☐ ☐

---

1. Fur-Science di FurScience.com – Pagina 10
2. Ibidem – Pagina 83
3. Ibidem – Pagina 91
4. Ibidem – Pagina 97

5.   Traduzione dall'inglese dell'autore

6.   *"Furries are less well known by the general public, stereotyped for years in the press as weirdos and sex maniacs so they are more stigmatized (unjustly in my opinion)".*

7.   Si definisce "Erotico" qualcosa per cui si pone un accento sulla parte sensuale al fine di richiamare un attenzione sessuale. Erotico, a sua volta, non è e non deve essere usato come sinonimo di Pornografico (Trattazione esplicita di immagini oscene che stimolano il lettore o lo spettatore). [Rielaborazione da Treccani.it].

8.   Fur-Science di FurScience.com – Pagina 98

9.   Ibidem – Pagina 51

10.   Ibidem – Pagina 74

11.   Ibidem – Pagina 34

12.   https://www.furaffinity.net/user/smove/

13.   E' interessante riportare un fatto. Stando a WikiFur (https://en.wikifur.com/wiki/Fursuit), quasi tutti gli anni i vari congressi vincono GWR relativi al numero sempre più elevato di FurSuiters presenti.

14.   *"(...) only a limited number of furries have and wear full fursuits, they are very expensive and quite uncomfortable to wear for an extended period of time. I can tell you that it is like trying on a different identity. I have a very budget fursuit and when I first wore it in a fursuit parade I was surprised to see myself dancing on video as dancing is something I am very uncomfortable with. [...] Fursuits also represent creativity and individuality."*

15.   Citazione tratta da: Star Trek III, Alla ricerca di Spock

16.   I Fursuiters difficilmente parlano, soprattutto se all'interno del loro costume. Il clima creato con la tuta (ovvero di animale antropomorfo inesistente) potrebbe essere distrutto da un discorso o anche solo da una parola. Il Fursuiter appare quindi come un attore di teatro che si muove sul palcoscenico con gesti ampi, quindi mostrando una preponderanza del "Gesto" come strumento comunicativo spinto oltre al limite. Dire "Hi!" dentro il costume, significa emanare la propria identità umana, rompendo il proprio legame instaurato con la propria Fursona. Quando il Furry si veste con la sua Fursuit, è in tutto e per tutto la sua Fursuit: il Furry dietro alla maschera non esiste più, esiste solo la maschera.

17.   Fur-Science di FurScience.com – Pagina 36

18.   https://viverepiusani.it/la-coda-vestigiale-nelluomo-di-cosa-si-tratta/

19.   Si veda il film "Il visionario mondo di Louis Wain", con Benedict Cumberbatch nei panni dell'illustratore

20.   Fur-Science di FurScience.com – Pagina 102

21.   Questo 45% della comunità è quindi rappresentato da una maggioranza di persone tra i 23 e i 32 anni (che formano il 55% del campione), quindi una minoranza di partecipanti tra i 18 e i 22, nonché tra i 33 e i 48+. Di questa fetta del Fandom, il 72% è

maschio.

22. Herin H. Fouberg Alexander B Murphy Harm J de Blij, *Geografia umana: Cultura, società, spazio*, Zanichelli, 2010
23. https://www.furaffinity.net/view/45701244/
24. https://www.furaffinity.net/view/40538608/
25. La conclusione qui esplicitata non si basa su alcuna fonte, bensì è stata indicata come più opportuna dall'autore stesso che, studiando la logica dei fatti, è giunto a concludere ciò. E' bene sottolineare che non esiste una vera e propria alternativa corretta: non stiamo parlando di un gioco a premi. E' importante perciò detenere una propria idea. In questo caso, apriamo una parentesi per esplicare in modo semplice e rapido il motivo che mi ha spinto a dedurre ciò.
26. Vide una volta maltrattare un cane – dicono – mentre passava, e n'ebbe pena, e disse: "Basta con le percosse! Certo lì c'è l'anima di un amico: lo sento dalla voce".
27. Ficcando il naso nero nel vetro,
    il cane aspetta, aspetta sempre qualcuno.
    Infilo la mano nel suo pelo,
    io pure aspetto qualcuno.
    Ricordi, cane, c'è stato un tempo
    quando una donna abitava qui.
    E chi era essa per me?
    Forse una sorella, una moglie forse,
    e forse, talvolta, sembrava una figlia
    a cui dovevo il mio aiuto.
    Essa è lontana… Ti sei fatto zitto.
    Più non ci saranno altre donne qui.
    Mio bravo cane, sei bravo in tutto,
    ma che peccato che tu non possa bere!
28. *"Hi Emanuele (…). We do think there are wellness benefits associated in general for fandom memberships. We cannot make a claim of causality of course, but rather correlation. In general humans like to be associated with similar others and that makes us feel good. For therians there is a pretty obvious nature connection, I am not so sure that is true of furries. We have looked at the anime fandom there is a book you can read for free Transported to another world. it is available for free to read online https://www.goodreads.com/book/show/58919015-transported-to-another-world".*
29. *"To meet the people, artists, actors, etc. who you have been talking with/about all along on neutral territory. The default in the fandom is to play a character. Some people like myself use congruent characters: bigger better stronger more charismatic versions of themselves. Others not so much. At least at the end of the convention everyone could go their separate ways. Artists can return to their lives away from their stans. But that's how I use conventions. Some just like to see. Some like to be seen. Some sell their wares. Some know the value of examining the merchandise in person rather than trust the Etsy photo. In*

all, PAX East and Anthrocon had a similar vibe".
(https://www.quora.com/Which-is-the-role-of-FurCons-or-FurryCons-in-the-Furry-Fandom)

30. Furry Nation di Joe Strike, pagina 36
31. *"'Furry' is only definable by the person choosing to be so defined.*
    I am a Furry.
    I do not have a fursuit.
    I do not go to fur-cons.
    I do not participate in furry discorst, reddish or whatever's.
    I DO however, resonate with the artwork and storytelling of many "furry" artists.
    I was "furry" before "furry" became a descriptor.
    I was into Furry Art, Comics and Anime before the first Anthrocon.
    It is an art form that allows the expression and discussion of Racism at a more identifiable level — Cat people vs Rabbit people or whatever.
    But in the end, it's still about People, and how People do or should react to each other.
    That is why I am a 'Furry'". (https://www.quora.com/Who-is-a-Furry-In-other-words-who-is-definible-like-Furry)
32. Gli YCH (altresì "Your Character Here", "Il tuo personaggio qui") sono delle tipologie di commissioni molto particolari. Per mezzo di queste ultime, l'artista crea un disegno base con uno o più personaggi, i quali vengono quindi numerati. Messa online l'immagine, si fanno partire delle audizioni per mezzo delle quali chi offre di più ha la possibilità di vedere la propria Fursona ritratta sola o in compagnia della Fursona di un'altro membro del Fandom. Si sta parlando di un Metaverso a livello intellettuale per una semplice ragione: dal momento che tu sei la tua Fursona, per mezzo degli YCH (o comunque delle commissioni in genere) l'artista o gli artisti sono in grado di dettare -per mezzo delle tue richieste- la storia del tuo avatar o comunque del tuo alter-ego. Rapporti sentimentali, lavorativi o momenti di solitudine sono tutti resi concreti per mezzo di fotografie istantanee che racchiudono quel determinato momento. Navigando su profili di proprietà di utenti del Fandom che effettuano molte richieste di commissioni (DannyDumal[33] è famoso per questo), si è in grado di tracciare la storia di quella Fursona, dei rapporti che quel personaggio ottiene nei confronti del resto dei membri del Fandom. Sesso, cene galanti, *sesso,* rapporti di lavoro, *sesso,* passeggiate al parco... (ancora... "*sesso*"). Dal momento che ogni Fursona è personale e unica, per mezzo dell'osservazione di un disegno si è in grado di risalire non solo al commissionante dell'opera ma anche alla storia di quest'ultimo, nonché del suo avatar.
    Rispetto ad un Metaverso classico, quello messo in piedi dal Fandom sembra più un collage-pop di istantanee, scatti ritraenti momenti di vita del proprio personaggio, del proprio Sè Furry. Il

proprio avatar, per mezzo dell'arte, è in grado di concretizzare il volere del commissionante, del suo "gestore", del suo "padrone", quindi rispecchiare -come fosse una pedina in un gioco da tavolo- la vita digitale, da *Homo fictus* del richiedente. La sua seconda vita.

33. Come molti altri membri del Fandom, DannyDumal mostra una galleria di commissioni, la cui più grande percentuale di scatti ritrae un ambiente feticista, pornografico o erotico. Sovente è però possibile ritrovare commissioni più fini, belle ed eleganti (come questa https://d.furaffinity.net/art/dannydumal/1541618710/154161871 0.dannydumal_danny_fd.png)

Capitolo 4: *Therians, un mondo a parte*

Spirito animale nell'antichità

Per introdurre la nostra trattazione in merito al mondo dei Therian, altresì un sottogruppo particolarmente comune fra i membri del Furry Fandom, è bene iniziare a discutere delle origini dello spirito animale nell'antichità. Anche se l'argomento di cui andremo a parlare nelle righe successive sarà leggermente diverso da quello che affronteremo adesso, reputo comunque interessante creare una breve parentesi per capire il ruolo spirituale che l'animale ha avuto sull'uomo.

Ne abbiamo già parlato, per lo meno a sommi capi, nella prima sezione di questo testo, altresì quella sulla storia dell'animale e dell'uomo; l'evoluzione del genere umano e della sua visione nei confronti di ciò che lo circonda. Ebbene, iniziamo a parlare dello spirito guida animale, quello che nello spiritualismo occidentale diviene un entità in grado di rimanere vicino ad un individuo per proteggerlo o per conferirgli forza.

La credenza negli spiriti animali nasce nelle credenze tipiche africane, già da prima della diffusione del cristianesimo nonché dell'Islam. Gli africani credevano (e alcuni clan o tribù credono tutt'ora) nella presenza di spiriti eterni e onnipresenti interpretabili come antenati del Dio Onnipotente. A tale argomento potremmo quindi ricollegare la figura del totem (ᗡᑌᑭ, altresì "Doodem"

Totem a Stanley Park, Vancouver - Pietro Graham - CreativeCommons

dall'Ojibwe), un essere spirituale e un oggetto sacro che funge da emblema per un gruppo di persone; una sorta di bandiera che racchiude una comunità unità sotto l'insegna dell'animale sacro ivi rappresentato.

Nelle credenze dei popoli indigeni nordoccidentali del pacifico del nord America vi sono tutt'ora dei veri e propri totem (altresì tronchi d'albero incisi a forma di animali e quindi pitturati) che rappresentano molte creature diverse impilate una sopra l'altra. A titolo d'esempio, i totem possono raffigurare orsi, uccelli, rane, esseri soprannaturali, creature acquatiche ma anche uomini, i quali con un ruolo particolarmente importante per il clan sviluppato intorno a questo simbolo. Simili a delle forme di araldica, i totem assumo un significato simbolico come a rappresentare famiglie, capi o gruppi di persone, nonché come strumenti utilizzati a fini commemorativi e che quindi sono posti in essere per ricordare determinate occasioni -positive o negative- che sono state attribuite alla tribù stessa.

Secondo il parere dell'antropologo funzionalista-strutturale A.P. Elkin e quindi al suo libro "Gli aborigeni australiani: come capirli", il totemismo include sei funzioni prestabilite. Il totem, stando ad Elkin, sarebbe lo strumento con cui viene regolato il rapporto sociale di una comunità, il culto e l'organizzazione spirituale; avrebbe ordunque una funzione onirica, altresì il sistema con cui si palesa dinnanzi al seguace; classificatoria, per ordinare le persone in base alla loro funzione nell'ambiente, d'assistenza per aiutare un guaritore o uno studioso, quindi di concezione.

Il fenomeno del totem venne però alla ribalta dello studio accademico con i primi antropologi nonché etnologi di professione. James George Frazer, Alfred Cort Haddon, John Ferguson McLennan e W.H.R. Rivers furono in grado di identificare il totemismo come una pratica condivisa da più popoli, alcuni dei quali molto distanti fra loro. Conseguentemente, gli studiosi sopra-riportati hanno concluso che quella del Totemismo doveva essere una fase, un passaggio obbligatorio nello sviluppo e nell'evoluzione dell'Essere Umano. Secondo Bronisław Malinowski, il totemismo sarebbe identificabile come stadio iniziale della nascita delle religioni: la venerazione del soggetto naturale, che esso fosse vegetale o, appunto, animale.

Del resto, avanzando con i secoli, si arriva a religioni che vedono le proprie divinità assumere forme animali; pratiche sciamaniche che permettono ad un mago di incarnare l'anima o lo spirito di un animale nel suo stesso corpo, se non viceversa. Si ha quindi un contatto magico tra l'Essere Umano e l'Animale, rendendo questi due attori simili nella loro essenza, forse interpretabili come due facce della stessa medaglia. Si viene a creare ordunque un legame spirituale, che porta sia l'Uomo che l'Animale ad essere parte di un ecosistema unico, i cui componenti rivestono dei ruoli di interdipendenza esplicita. Se uno viene danneggiato, anche l'altro (su un qualsiasi livello o piano) ne risente di conseguenza.

L'animale viene quindi osservato come un essere talmente selvaggio da risultare quasi su un altro livello; spirituale, accennandone uno. Non a caso, i nativi americani riponevano molta fiducia nella fiera, vista come componente estremamente spiritualistica, in grado di riflettere in modo preciso il comportamento umano dell'individuo a cui essa era associato. Stiamo parlando di poteri magici o spirituali gentilmente concessi dalla creatura animale a cui quel determinato individuo era collegato. Si viene a creare una sorta di simbiosi tra le due entità, un legame che andava ben oltre quello dell'amicizia o della vicinanza fraterna. Potremmo osare nel dire che questo rapporto che veniva a crearsi fra l'essere uomo e l'essenza animale era quasi un imprinting dato dal destino, dalla natura, dalla vita di entrambi gli attori che si trovavano a loro volta protettori l'uno dell'altro.

Tale realtà dei fatti potrebbe sembrare particolarmente distante dalla realtà a cui siamo abituati oggi giorno.

L'animale riveste certamente un ruolo preponderante nell'ambiente naturale e quindi anche nei processi biologici ed ecologici. L'animale è parte di quel cerchio della vita che permette alla natura di compiere regolarmente il suo corso. Tra uomo e animale non esiste una prevalenza di importanza: l'uomo è un animale e, in quanto tale, non deve e non può (per mancanza di ragioni logiche) definirsi superiore rispetto all'animale in genere. Vista quindi la situazione, è impossibile definire quale delle due controparti abbia un'importanza prevalente. Certo è che nell'antichità il selvaggio o comunque il ruolo dell'animale era visto a livelli di molto superiori a quello dell'uomo. L'uomo, di fatti, era succube all'animale: la caccia di quest'ultimo permetteva al primo attore di vivere; se solo l'animale non fosse esistito, ecco che l'essere umano non avrebbe mai potuto accrescere la sua demografia o comunque svolgere un percorso evolutivo netto. L'animale devolve quindi il materiale su cui l'Essere umano ha basato la sua esistenza e, in quanto tale, veniva considerato un elemento fondamentale presso il quale si dipendeva. Onori a parte, l'animale (la belva, la fiera, il selvaggio) divenne parte integrante dei culti e delle venerazioni dei popoli.

Detto questo, cosa succederebbe se un Essere Umano dei giorni nostri non dovesse sentirsi uomo ma, nel profondo, animale? In questo capitolo affronteremo -come in una sorta di ex-cursus- un interessante approfondimento derivante da quella che è la sub-cultura *Otherkin* (dall'inglese "Parenti diversi"), più precisamente nel risvolto di quella che è la realtà dei *Therians*.

Spirito animale oggi: i "Therians"

Scavando nelle profondità del Furry Fandom mi sono trovato dinnanzi ad una scoperta particolarmente interessante. Definisco quello che ho rinvenuto navigando in rete "Scoperta" non perché avessi effettuato un vero e proprio rinvenimento in senso assoluto ma, riflettendomi al mio bagaglio culturale, posso dire con assoluta certezza di non aver mai sentito prima d'ora qualcosa di simile[1].

Non posso non ammettere la mia sorpresa nell'aver rinvenuto le informazioni che esporrò qui di seguito, soprattutto perché non mi sembrava -nella maniera più assoluta- possibile qualcosa di questo tipo. Del resto, il mio sbigottimento mi ha portato a fare altre richieste alla Dottoressa Gerbasi che, guarda caso, tale argomento sembra essergli a cuore. Inutile affermare che la conversazione avuta con la professoressa è stata non solo molto piacevole bensì anche molto interessante e proficua, soprattutto dal punto di vista intellettuale e culturale. Ciò che ne uscì fu uno scambio di informazioni particolarmente stimolante.

Ebbene, dopo questo cappello introduttivo che ci porta ad esaminare le mie condizioni psichiche e di apertura mentale nei confronti di tali riscoperte, esaminiamo il fenomeno senza utilizzare gli strumenti offerteci dal campo scientifico. Del resto, è un argomento così complesso, articolato, astruso ed intricato da risultare oltremodo affascinante. Ad ogni modo, terminata l'analisi del fenomeno da un punto di vista prettamente umano, passeremo ad analizzarlo secondo la lente di ingrandimento offerta dal mondo accademico. Non diremo quindi un "No" assoluto al campo scientifico che, certamente, di interesse in merito a questo campo ne riserva assai; bensì sarà un semplice ed estemporaneo rinvio; una sospensione del dibattito.

Tornando a seguire il nostro filo rosso e cercando così di riunirlo con quello terminato nel capitolo precedente, Gerbasi mi scrisse che *'Per i Therian c'è una connessione con la natura piuttosto ovvia, ma non ne sono così sicura in merito ai Furry'*[2-3]. A quel punto, la seconda domanda è sorta spontanea: "Qual'è la relazione tra Therians e Furry?". Prima di replicare a questo mio quesito traducendo la risposta datemi dalla dottoressa, cerchiamo di capire cosa sono o, per meglio dire, chi sono gli "Otherkin". Senza entrare nel campo scientifico e quindi nell'analisi psicologica di questi soggetti, possiamo dire senza alcun dubbio che gli Otherkin sono delle persone o individui che sono convinti di non essere degli Esseri Umani. A questo punto, il lettore attento potrebbe dipingere sul suo volto una smorfia di curiosità, forse di incomprensione. Cerchiamo di capire le ragioni di tutto questo in modo più approfondito.

Il termine Otherkin, riconosciuto ufficialmente dal dizionario "Oxford Languages" e che non sembra avere un corrispondente nella lingua italiana (se non il già citato "Altri parenti", che però non è in grado di comunicare lo stesso significato del termine adottato dagli anglosassoni), denota un individuo che si identifica come non-umano, quindi con origini animali, vegetali o mitiche[4]. Un Dio, un essere proveniente da altri pianeti, un vegetale, quindi un lupo, un gatto, un cane. Quello di cui stiamo parlando non deve essere interpretato né come una sindrome e nemmeno come una malattia, bensì è una convinzione nata a seguito di determinati eventi, i quali hanno portato l'individuo a pensare di sottostare ad un origine diversa rispetto a quella dei suoi coetanei Esseri Umani. L'analisi scientifica del fenomeno, come precedentemente accennato, la vedremo successivamente.

Questo fenomeno, che in Italia è quasi del tutto sconosciuto se non del tutto, ha visto le sue origini negli anni '60. Nel corso di questi anni, si è scoperto che delle comunità pagane vedevano dei loro componenti che si definivano Elfi. Distaccati dal concetto di Essere Umano, questi personaggi venivano interpretati come "Altri", da "Altri parenti", quindi non nati da genitori Umani o comunque con una filiazione differente.

Anche se la nascita del fenomeno è da rinvenire negli anni '60 all'interno di questi gruppi neo-pagani, la coniazione del termine ufficiale di "Otherkin" è da ricercare in un epoca più recente, altresì l'inizio o la metà degli anni '90, periodo in cui nacquero le prime vere comunità di Otherkins[5]. Sempre in questo periodo, proprio quando la comunità del Furry Fandom stava iniziando a mettere piede sulla rete Usenet, ecco la nascita di newsgroup quali alt.horror.werevolves nonché alt.fan.dragons (anch'esse all'interno della rete Usenet). Se inizialmente questi gruppi ospitavano fan di serie TV o mitologia, ecco che -con il passare del tempo- arrivarono ad accorpare anche entità che non si definivano umane, bensì *"licantropi"* o esseri mitologici.

Sembrerà quindi incredibile, ma dopo aver scoperto l'esistenza di questo termine, ecco che le porte del Paradiso mi si aprirono dinnanzi. Finalmente sapevo dove collocare una serie di conoscenze che -soprattutto ma non esclusivamente in ambito pagano e del Fandom- si riconoscevano come non-umani. Sarò quindi sincero, il livello di Otherkin che ho conosciuto per mezzo delle ricerche effettuate per redarre questo e altri libri è superiore a qualsiasi aspettativa: sono molti di più di quelli che pensavo. Del resto, ho conosciuto Fauni, Sciacalli, Lupi ed Elfi. Nel dire questo so bene che questo libro potrebbe assumere ahimè una piega ironica, forse comica sotto alcuni aspetti ma, dato quanto abbiamo detto precedentemente, definirli Esseri Umani sarebbe moralmente sbagliato. Sono convinti di essere creature diverse per una serie di ragioni che vedremo poi, ed è quindi eticamente corretto nei loro confronti rivolgersi a loro come tali.

Tornando a noi, quando parliamo di Therians ci riferiamo ad un cluster di entità-Otherkin che si reputano essere animali. Per capire meglio la situazione di fondo e per comprendere appieno questa realtà, ho deciso di contattare direttamente due Therians e quindi di chiedere loro spiegazioni aggiuntive[6]. Alla domanda "Cosa significa essere un Therian?" ecco ben due risposte, entrambi molto interessanti. Donna Fernstrom mi dice che *"Il termine Therian all'interno del Furry Fandom è l'abbreviazione di Teriantropo Spirituale. I Teriantropi Spirituali sono una varietà di Otherkin che comprende persone la cui mente e la cui anima sono in tutto o in parte quella di un animale"*. La mia informatrice prosegue nel suo discorso dicendo quindi che i *"Furry sono persone a cui piace molto l'arte antropomorfa"* quindi conclude il paragrafo introducendo un *"No, davvero, questo è tutto (...) la teriantropia riguarda soprattutto l'identità, il Furry Fandom invece si rivolge ai Fan. Del resto, un Furry può essere un peloso, viceversa un Therian, ma la maggior parte di questi non è così appassionata di arte antropomorfa da definirsi tale"*[2-7]. Una conferma di questa conclusione ci viene data dalla Gerbasi che, per mezzo della nostra conversazione, dice che è più facile che sia un Furry ad avvicinarsi al mondo dei Therian, non il contrario. La professoressa asserisce che *"I Therian credono nel profondo di non essere completamente umani. Alcuni Furries sono Therian, alcuni Therian sono Furries e, alcuni Furries che non conoscono il termine, appena ne entrano a conoscenza capiscono di essere Therian. Molti Furries sono solo Furries... per loro è un Hobby: si relazionano con altri Furries, al contrario dei Therian che si sentono davvero degli animali non umani"*[2-8].

Il mio secondo informatore, James Eisner[6], dice che i Therian si identificano come animali spiritualmente o per lo meno a livello mentale. D'altro canto, i Furries sono quelle persone che si travestono da animale semplicemente perché è divertente, senza quindi delle imposizioni sub-coscienti dettate dal fatto di credere o meno di essere degli animali.

I Therian, del resto, non sono quegli individui che si vestono o fanno di tutto per apparire più vicini a ciò che pensano o che credono fortemente di essere. Navigando su Quora, ecco che mi imbatto in una domanda e quindi in una risposta molto significativa e che ci permette di comprendere meglio l'ambiente che vivono questi individui[9]. Alla domanda apparentemente di sparuto interesse "Sono un Therian e un Furry. Come faccio a convincere mia madre a farmi indossare le orecchie-Fursuit?" la risposta appare secca ed interessante, la quale sembra sottolineare la natura e lo stile di vita dei Therian. David Lewis risponde *"Le orecchie che hai sono orecchie da Therian. Sono quelle con cui sei nato"*. Se nel mondo del Fandom l'apparenza o comunque l'individualità del membro della comunità viene condivisa anche per mezzo dello sfruttamento di gadget o comunque accessori quali la Fursuit, in quello dei Therian, per quanto ad esso correlato, la funzione del gadget o dell'elemento decorativo ha scarsa importanza. Difatti, in questo mondo, non importa "Ciò che senti di essere", ma "Ciò che sei"; non importa "Come ti vedono gli altri", bensì "Come ti vedi tu". Dal mondo della finzione e della bugia raccontata per gioco, si entra in un universo differente ma comunque affine dove non vi sono bugie: "mi sento un animale, non mi reputo un Essere Umano, non voglio prendere in giro nessuno, nemmeno me stesso... ma sono un Therian".

Tendenzialmente si pensa che Furry e Therian siano la stessa cosa ma, come abbiamo già analizzato su questo libro, questa conclusione è del tutto falsa. Grazie all'aiuto aggiuntivo della Fernstrom siamo in grado di distinguere con precisione le due tipologie di culture e quindi di tendenze. Ad ogni modo, facendo una ricerca aggiuntiva per arricchire questa sezione, sono arrivato a scoprire informazioni molto interessanti e che vorrei condividere con te, caro lettore.

E' quindi interessante, giunti a questo punto, affermare con assoluta precisione che i Therian più comuni si identificano come lupi o felini, anche se queste due categorie non devono essere adottate come paletti limitativi. Alcune persone si sentono falchi, pesci, uccelli di vario genere e addirittura insetti. Ad ogni modo, proseguendo l'approfondimento di questo mondo meraviglioso, osserviamo che esistono cinque tipologie di Therians, le quali le riassumeremo qui di seguito[10]:

 — Lo Shifter Therian è il tipo tradizionale di Therian, il quale si identifica come un animale e, nel corso della sua vita, sperimenta una serie di cambiamenti fisici, mentali o comunque psicologici.

    –   Segue quello che viene definito Contherian, un Therian meno comune che non sperimenta i cambiamenti che caratterizzano lo Shifter ma che vive in uno stato permanente di metà uomo e metà animale.

    –   Esiste poi il Vacillante, il Vacillant Therian, il quale sperimenta una gamma di cambiamenti piuttosto limitata, quindi mantiene gli istinti di base del suo theriotipo[11] radicati nella sua personalità.

    –   Il Cladotherian basa la sua identità non solo su un animale, bensì su un intera famiglia di animali,

    –   quindi il Polytherian, il quale si identifica con più animali.

Ma quali cambiamenti sperimenta un Therian? Secondo il Fandom degli Otherkin o, per meglio dire, la sua Wiki[10], un Therian può sperimentare diversi cambiamenti, alcuni dei quali confermati dalla stessa Gerbasi nel corso della nostra conversazione. Ebbene, stando alla WikiOtherikin, il Therian può vivere le sindromi dell'arto fantasma, altresì il fatto di avvertire degli spostamenti da parte di arti del proprio corpo animale sovrapposti o aggiunti al proprio corpo fisico. Sentire la coda muoversi, per esempio, può essere reputato un valido esempio. In secondo luogo, il Therian può sperimentare dei cambiamenti mentali, assumendo così la mentalità dell'animale "incarnato". In queste situazioni, l'individuo apre una lotta contro sé stesso per bloccare il suo istinto animale, ricalibrare il suo pensiero e confondersi nuovamente nella società che lo circonda. Si sviluppano quindi cambiamenti o shift onirici, dove il Therian effettua o vive sogni lucidi incarnando il suo Theriotipo. In ultimo ma non meno importante, lo spostamento aurico, dove l'aura o corpo astrale del Therian si sposta o si modifica sino al punto da diventare della stessa forma dell'animale da esso rappresentato. Ovviamente, in quest'ultimo caso, entriamo in una branca difficilmente sperimentabile. Se tutti gli elementi precedenti bene o male sono verificabili o comunque studiabili a livello scientifico, quello del corpo astrale è di difficile osservazione.

Bisogna però dire che questo gruppo di persone accomunate dal fatto di sentirsi, nel proprio intimo, degli animali, hanno creato a loro volta una sotto-comunità, la quale si identifica dietro un simbolo semplice, ma comunque di grande effetto. Chiamato "Theta-Delta", il simbolo dei Therians venne creato e adottato come tale nel 2003 per mezzo di un forum chiamato "The Werelist". Esso si compone della sovrapposizione di due lettere greche, altresì la "Delta maiuscola" (Δ) e la "Theta maiuscola" (Θ). Questo logo semplice racchiude quindi una serie di significati ricollegabili alla natura stessa delle lettere usate. Secondo Therian.Fandom.com, "Θ" rappresenta la lettera "T" della parola "Therian" e quindi il "Δ", usato come operatore matematico, sottolinea il cambiamento o, per meglio dire, lo spostamento. Purtroppo non abbiamo le pagine originali del forum di discussione in merito a questo simbolo; esse andarono perse per via di un crash del server ma, fortunatamente, sappiamo che molti Therian adottano questo simbolo e lo usano come pendaglio per collana. Questo sistema di riconoscimento permetteva e permette tutt'ora ai Therian di non sentirsi a disagio quando si vuole parlare di Theriantropia. Il fatto di trovare una persona con un tatuaggio ritraente il Theta-Delta o un pendaglio con lo stesso soggetto sbandierava il fatto di essere un Therian, quindi di essere aperti al dialogo con i propri simili.

Bisogna quindi concludere dicendo che non è facile imbattersi in individui con questo simbolo al collo, soprattutto perché i fornitori che producono e vendono questo tipo di simbolo ad uso collana è pressoché limitato. Spesso sono artigiani o comunque negozi di artigianato, commissioni su misura, richieste personalizzate.

La scienza si esprime sul fenomeno della Theriantropia

Dopo aver ricevuto un esplosione di informazioni tale da non riuscirle nemmeno a riorganizzare nella mia testa, decisi di contattare nuovamente la dottoressa per chiedere se

Theta-Delta - CreativeCommons

questi Therian fossero o meno soggetti a qualche patologia psicologica. Più precisamente feci questa domanda[13]: "Quello dei Therian può essere interpretato come un fenomeno più connesso alla psicologia umana che alla spiritualità (ad esempio, il fenomeno della Depersonalizzazione o comunque Sindromi Dissociative equivalenti)?". La Gerbasi che, ricordo, ha dedicato parte dei suoi studi in merito a questo tema, replicò alla mia domanda dicendomi che *'Per alcuni therian è una cosa spirituale, ma non per tutti. La schizotipia sembra essere la soluzione migliore piuttosto che le caratteristiche dissociative (DID/personalità multipla). Fondamentalmente sembra riguardare in una certa misura il pensiero magico*, ma anche come ho detto sopra, simile alla disforia di genere. Queste persone spesso credevano fin dalla tenera età di essere diverse e non completamente umane'*[13-2].

Quanti paroloni. Per mezzo di una sola domanda, la nostra corrispondenza tramite e-Mail si era tramutata in un congresso di scienziati e psicologi, gente dotta. Ad ogni modo, per mezzo di questa risposta abbiamo un quantitativo di materiale da esplicare e approfondire che superava le mie aspettative. Pensavo di fare solo un paio di pagine, qualche paragrafo, tanto per togliere il capitolo e per affrontare il tema con leggerezza... ma queste mie proposte dovettero dissolversi, indi per cui aprire la strada ad una discussione un poco più prolissa rispetto quanto diagnosticato (nonché l'idea di scrivere un tomo a parte da inserire nella categoria "Origins Inspection").

Ricominciando dalle origini della mia domanda, quando scoprii che questi "Therian" pensano di essere più animali che uomini se non addirittura completamente animali, pensai subito alla Depersonalizzazione, altresì chiamata con il termine di Derealizzazione. In questo caso, il soggetto si ritrova in preda ad una sensazione di scollegamento dal proprio corpo e dai suoi processi mentali, come se si stesse osservando la propria vita dall'esterno del proprio corpo (depersonalizzazione) o, ancora, dissociato dall'ambiente circostante (derealizzazione). Solitamente, stando alla scienza, questo fenomeno è del tutto normale e subentra quando si prova un forte stress, spesso subito da un abuso emotivo o fisico. Gli individui che affermano di aver vissuto un esperienza di Derealizzazione o Depersonalizzazione esplicano il contesto in cui si è verificata dicendo che avevano vissuto un pericolo potenzialmente letale, assunto droghe, subito una privazione del sonno o, ancora, si sono stancati molto. Sul lavoro, nelle industrie pesanti o anche nelle miniere, sono infatti frequenti i casi in cui l'operatore si ritrova a sperimentare una situazione di questo tipo[15], incrementando conseguentemente la possibilità di infortunarsi. Ad ogni modo, come fa notare la Gerbasi, questo non è il caso proposto dai Therian.

A seguito di alcune riflessioni, ecco che mi venne in mente un altra possibile spiegazione a quello che i Therian vivevano e vivono tutt'ora: le sindromi dissociative. In questo caso, il soggetto che viene colpito da questa forma di disturbo psicologico presenta una mancata integrazione tra la sua coscienza, i suoi pensieri, la sua identità, la sua memoria nonché la sua rappresentazione corporea e di comportamento. Anche in questo caso, i disturbi dissociativi che elenco in nota 16[16] sono fenomeni del tutto normali e che possono colpire persone di tutte le età, etnie e classi socio-economiche[17].

Segue quindi anche il disturbo dissociativo dell'identità, altresì il così chiamato "Disturbo della Personalità Multipla". Anch'esso scartato dalla dottoressa Gerbasi, nel disturbo dissociativo dell'identità il soggetto preso in esame -a seguito di uno stress estremo subito nel corso dell'infanzia- presenta due o più identità, intervallate a loro volta da vuoti di memoria che cancellano tratti degli eventi quotidiani vissuti come, per esempio, eventi traumatici o stressanti. In questo caso, il soggetto affetto da disturbo dissociativo dell'identità manifesta una serie di sintomi che somigliano o che sono assimilabili ad altre patologie mentali o mediche generali (ex.

Sviluppo di cefalee gravi o altri dolori fisici)[18].

Ma allora, cosa provano i Therian? Quale spiegazione scientifica si può dare alla loro visione di sé stessi e della loro identità? Come la Dottoressa Gerbasi accenna all'inizio della sua risposta, *"Per alcuni therian è una cosa spirituale"*. Affermando ciò, la professoressa va ben oltre il campo scientifico, scavalca gli ostacoli gettati dalla scienza per finire in un mondo non completamente supportato da prove e testimonianze, esperimenti e contro-prove. La dottoressa, dicendo ciò, è come se dicesse che *"Non si può spiegare fino in fondo il motivo del perché queste persone credano o sentano, quindi siano convinte di essere animali: lo sono a livello spirituale, si sentono in comunione con l'animale che sanno di avere dentro di loro"*.

Detto questo, potrei mettere un punto e passare al capitolo successivo ma, non lo farò. Dal momento che so benissimo che tra di voi, cari lettori, vi è gente che vuole andare fino in fondo e capire di più, proseguirò l'analisi e cercherò -appoggiandomi ad altre osservazioni fatte dalla dottoressa- di comprendere al meglio come la scienza vede questo meccanismo. Per fare ciò, mi baserò su quel termine che, all'interno della riposta della professoressa, viene messo in correlazione con la personalità multipla e il DID, altresì il Disturbo Dissociativo dell'Identità: la "Schizotipia", quella che secondo la mia "Amica di Penna" *"sembra essere la soluzione migliore"*.

La schizotipia è un fenomeno particolarmente complesso da spiegare, soprattutto perché non è una malattia o una sindrome, bensì un concetto teorico che postula un "Continuum" di esperienze della propria personalità che vanno dai normali stati dissociativi nonché immaginativi fino a stati mentali estremi, spesso ma non limitatamente associati alla psicosi e quindi alla schizofrenia; quest'ultimo un disturbo mentale caratterizzato da episodi psicotici continui e recidivanti, comprendente allucinazioni, deliri, paranoia e pensiero disorganizzato, il tutto amplificato dal ritiro sociale, dalla diminuzione dell'emotività e quindi apatia. A seguito di quanto raccontato, è quindi facile pensare che quella dei

Therian sia una vera e propria patologia psicologica ma, come ci racconta Lawrence Mundy[18], Therian, *"L'alterità non è una malattia. Gli Otherkin si identificano come non umani a livello interiore, non fisico; ciò significa che sono consapevoli di essere fisicamente umani. E' una credenza personale, un fenomeno ontologico. Una malattia o un disturbo mentale, per definizione, influisce sempre negativamente sull'umore, sul comportamento e sul pensiero in un modo che causa angoscia e ha un impatto negativo sul funzionamento quotidiano per un periodo di tempo prolungato. Questo non si applica all'esperienza generale degli Otherkin in alcun modo"*, poi prosegue dicendoci che *"Il motivo per cui l'alterità è spesso associata alla malattia mentale è più una questione sociale. Non è raro che credenze, pensieri, idee o anche affermazioni peculiari -che esulano dalla norma convenzionale- vengano derisi e falsamente accusati di essere il risultato di, o direttamente, una malattia mentale. Ciò potrebbe anche derivare in parte da un malinteso e da idee sbagliate su cosa siano realmente le malattie mentali e i disturbi. Possono anche essere tentativi di mettere a tacere, diffamare e condannare un certo gruppo di persone. Solo perché un concetto o una credenza sembra particolarmente strana e difficile da comprendere non significa che sia innaturale o una sorta di patologia. Qualsiasi psicologo o psichiatra ti dirà lo stesso"*[a].

Ad ogni modo, come dice Fur-Science![19], la percentuale di Therian all'interno del Furry Fandom è decisamente al di sotto delle aspettative prestabilite, circa il 14% del totale, di cui il restante suddiviso fra Otherkin di diversa categoria (5%) e solo-Furry (circa l'81%). Le differenze in merito all'identificazione da parte di Furry e Therian nei confronti del loro animale guida o Fursona permette quindi di arricchire la nostra ricerca di ulteriori dati. Dei Furry e dei Therian analizzati con le percentuali precedenti, il 72% dei Therian ammette di identificarsi moltissimo con l'animale base su cui è stata sviluppata la propria Fursona. I Furry, al contrario, rispondono positivamente alla domanda esposta solo al 38% circa.

Le statistiche e le percentuali analizzate fino ad ora ci permettono di sottolineare la natura del Fandom e quello della comunità dei Therian, due ambienti completamente diversi. Nel primo caso, l'identificazione nella Fursona non è necessaria: si parla di svago, divertimento, socialità, niente di più; nel secondo, al contrario, il Therian è più portato a farsi identificare dalla comunità *Furrica* per mezzo di una Fursona che, in un certo caso, ricalca quello che si sente effettivamente di essere, l'animale guida interiore o comunque l'animale-essenza.

Interessanti confronti ci vengono dati quindi da una tabella che seguirà di seguito:

--	Ti senti meno del 100% umano?	Fisicamente, ti senti meno del 100% umano?	Mentalmente, ti senti meno del 100% umano?	Quanta % ti senti inumano? (Media-test)	Vorresti essere 0% umano se potessi?
Furry non-$\Theta\Delta$	35,1%	13,1%	94,3%	31,2%	39,2%
$\Theta\Delta$	85,5%	30,2%	95,3%	47,5%	58,6%

Nel gruppo dei Therian "$\Theta\Delta$" si osservano quindi variabili più alte rispetto al gruppo non-Therian "Furry non-$\Theta\Delta$". La prima domanda è quella che vede un distacco maggiore: i Therian hanno effettivamente replicato al quesito in modo prevedibile, generando così un distacco dal gruppo di riferimento non-Therian. L'85%, difatti, ha risposto alla domanda in forma affermativa, al contrario degli individui restanti che, ad ogni modo, su una scala di 100, potrebbero essersi posizionati in una sezione che (almeno idealmente) potremmo comunque ritenere superiore alla metà, quindi maggiore del 50%.

Le ricerche della IARP (International Anthropomorphic Research Project) hanno quindi portato ad investigare anche la componente demografica dei Therian e dei Furry, più precisamente "L'età a cui un individuo X si è identificato per la prima volta come Furry o come Therian". L'immagine che viene fuori da questo specchietto risulta quindi interessante: i due fenomeni seguono tendenze di crescita e decrescita completamente diverse[20].

Analizziamo prima il percorso effettuato dalla componente Furry:

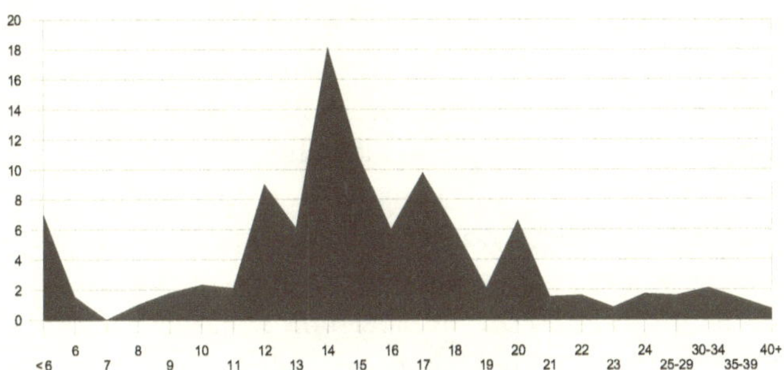

Quindi passiamo ad osservare il grafico proposto dall'analisi condotta sulla comunità Therian:

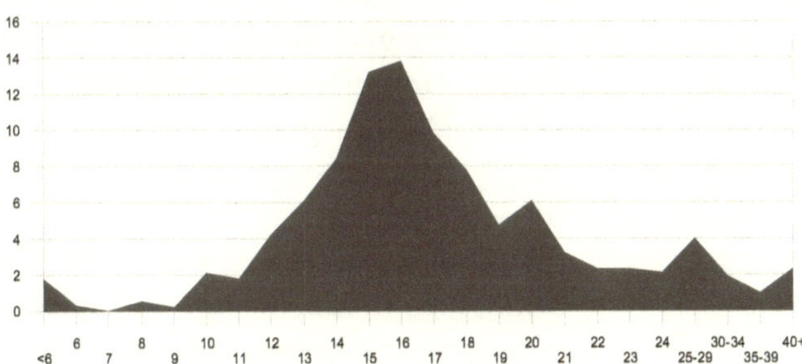

Ciò che si deduce da questi due grafici è quindi lampante. Se nel primo caso stiamo parlando di un argomento ludico, a sfondo d'intrattenimento, il fatto di riconoscersi o meno Furry non dipende tanto dalla vita che uno trascorre, dalla propria spiritualità o comunque dalla propria crescita personale a livello culturale, emotivo o religioso, quindi il fatto di "Imparare a conoscersi", bensì è una comunità a cui ci si associa nel momento in cui si viene a conoscere la sua esistenza o comunque la sua produzione artistica. Si inizia a prendere parte al Furry Fandom o comunque iniziano i propri interessi riservati all'arte antropomorfa prima dei sei anni (quindi grazie ai film d'animazione) oppure in un range che va dai sette ai ventun'anni. Se la Disney non piaceva o comunque non si era tipi da televisione, forse l'introduzione al Fandom è da ricercare nei Social Network, internet, fumetti o comunque elementi interattivi, beni d'intrattenimento il cui comodato d'uso viene riservato solitamente ad utenti non grandi ma "cresciuti", raramente verso i sette anni, più comunemente dopo gli undici.

Se il primo grafico ci mostra una realtà che si propone come condizionante del comportamento o dei piaceri di una persona, per mezzo quindi dell'istigazione o del fascino provocato, quindi instillato per mezzo del passa-parola virtuale o meno, il secondo ci mostra una realtà completamente diversa. L'andamento saltellante del grafico-Furry muta completamente nella radice, portandoci a ciò che sembrerebbe essere un grafico più fluido, con meno cambi di direzione, più prevedibile; un andamento meno borsistico, per così dire. Da un leggero picco in <6, forse instillato dagli stessi film Disney e quindi da un identificazione lucida del bambino all'interno dell'animale che vede nella TV, quella sorta di immedesimazione classica in tutti i giovanissimi, l'identificazione come Therian va a perdersi. Il grafico, dopo una leggera ripresa a dieci, ci mostra un picco elevatissimo che da dodici arriva a diciannove anni, per poi riprendere brevemente a venti dopo un poderoso calo in diciannove. Siamo negli anni in cui il corpo cambia, quelli dell'adolescenza, dove iniziano le mestruazioni e quindi le polluzioni. Interessante quindi osservare che proprio in questa fase adolescenziale vi sia un picco di identificazioni quali Therian.

Forse influenzate dalla rete o comunque dalle reti sociali virtuali, questi dati mostrano concretamente che i Therian si riconoscono come tali, come animali in corpi da uomini, proprio nella fase in cui "Si inizia a capire il proprio corpo", quando "Il proprio corpo inizia a mutare" o, ancora, quando i propri interessi cambiano, si amplificano anche sul raggio sessuale e su quello della comprensione di sé stessi.

Rispetto al grafico relativo all'identificazione come Furry, disordinato e privo di logica, quello di identificazione come Therian una regola la rispetta, ed è ben visibile, lampante. Cambiando la concezione di sé, gli adolescenti iniziano a vedersi diversamente e -fatto salvo che siano stati influenzati da TeenWolf- maturano dei sentimenti spirituali ricollegabili a loro stessi. Esistono infatti Therians atei, che non credono in alcuna divinità, bensì sono però certi di essere qualcosa di diverso rispetto a ciò che suggerisce il loro corpo umano. Non a caso, commutando il discorso, nell'arte Therian si osservano tematiche molto più profonde rispetto a quelle Furry, composte principalmente per il bene intellettuale, ludico o a fini d'intrattenimento. Nell'arte Therian si vede spesso la figura dello specchio, mezzo con cui l'Essere Umano si pone faccia a faccia con un sé stesso diverso, più animale; oppure animali quadrupedi (e non bipedi come quelli del Fandom), che si trovano a dover indossare una museruola, quindi delle catene alle zampe anteriori e posteriori, come se fossero bloccati, privi di libertà, in un corpo diverso, sicuramente non il loro. Vi è quindi la presenza di queste produzioni artistiche basate sul confronto, sulla prigionia, sulle mentite spoglie, sull'ottenimento di una maschera che non si vorrebbe avere (ma che purtroppo si deve indossare per imposizione). Se nel caso del Fandom abbiamo persone che si vestono da animali per puro divertimento, nella realtà degli Otherkin la matrice si rigira: sono animali che vestono e che sono obbligati a vestire delle maschere da Essere Umano. Si sviluppa quindi un sentimento di prigionia e che spesso rende impossibile l'identificazione del proprio sé nascosto.

I grafici, le statistiche, i dati, suggeriscono quindi che

quella dei Therian non è una realtà basata sulla finzione o che comunque sia trasmessa o diffusa come fosse un tratto culturale, bensì è proprio un ribaltamento delle carte che si hanno sul proprio tavolo, un mix generale che porta ad una comprensione diversa di sé stessi e, ancora, della propria identità.

Nel caso dei Therian, la propria identità non viene idealizzata o non viene divinizzata, bensì viene vista, analizzata e compresa come qualcosa di differente: *ci si sente diversi da ciò che ci circonda*. Che sia un sistema instillato dal sub-conscio, vedersi quindi come entità uniche e diverse da quelle che solitamente vengono definite "Masse", è ancora presto per dirlo ma, sicuramente, come ci viene detto dagli stessi Therian, il fatto di identificarsi, di credere o di pensare di essere animali ha una componente non solo psicologica ma anche certamente spirituale.

Conclusioni

Se i Furry sono lo specchio animalesco dell'intrattenimento sotto chiave creativa, quello proposto dai Therian pare osservare una piega per lo più spirituale-interiore. L'esame di Sé, il fatto di porsi continui quesiti sulla propria esistenza permette a questa comunità Otherkin di essere -seppur parzialmente- una scuola di pensiero filosofica, basata sull'origine dell'uomo.

Quando si parla di Furry Fandom, si vede certamente una prevalenza o comunque un'importanza centrale di un identità mutata a seconda delle proprie caratteristiche intrinseche ed estrinseche. Si crea una maschera fatta ad hoc, scolpita sulla base della propria morfologia facciale, quindi indossabile solo e soltanto dal suo creatore. Una realtà dove la bugia viene raccontata per gioco, per creare un avatar unico nel suo genere, in grado di cingere legami con altri membri della comunità. "Dopo una lunga settimana di lavoro corredata da quarantacinque ore di mansioni e responsabilità per far funzionare un'azienda nel migliore dei modi, voglio dimenticare il mio ruolo nella società, ritornando bambino, tornando un innocente fanciullo che vuole soltanto divertirsi e fingere. Creo legami con Fursonas di altri paesi, esteri o meno, quindi partecipo a FurCons o a Raduni tematici semplicemente per passare del tempo in allegria; per dimenticare ciò che la modernità e la frenesia della mondanità mi trasmette. Invece che passare le serate al bowling con gli amici, preferisco trascorrere delle ore con persone che hanno qualcosa in comune con me, fare nuove amicizie, capire meglio la comunità a cui appartengo".

Il discorso sui Therian prende quindi una piega diversa, dove l'intrattenimento e il *lūdo*[21] non sussistono nemmeno sullo sfondo di tale pratica. Non c'è un evasione dal mondo circostante o, per lo meno, non esiste questo sentimento volontario che porta alla ricerca di una realtà nuova, una realtà in cui "tutto andrà bene", bensì vi è un sentimento quasi angoscioso, che però si riesce a superare facilmente: "il fatto di sentirmi diverso, mi porta ad identificarmi come un animale fuori dal suo branco, il quale -purtroppo-, è sparito nell'inezia. Mi sento un animale, sono un animale; questo è sicuro, il mio corpo dice che sono una creatura di quell'antico brodo primordiale. Che io sappia costruire delle macchine, che io possa essere visto sotto la lente della scienza come una scimmia civilizzata, non mi è però d'ostacolo per sentirmi qualcosa di ancora più diverso. Siamo animali, è un parere condiviso, supportato da prove, ma io sono un [lupo/uccello/volpe/gatto/cane... fauno/elfo...], mi sento tale, mi riconosco come tale a livello dell'inconscio. Non posso negarlo, sinceramente 'non mi sento umano'".

In quest'ultimo caso, il Therian non crea una maschera basata sulla sua morfologia facciale, ma ci nasce già: un lupo/uccello/volpe/gatto/cane/fauno/elfo che sul suo volto -o comunque muso- porta una maschera umanoide, talmente ben ancorata al suo viso da non poterla staccare per alcun motivo. Un inganno a sé stessi? Una continua serie di bugie raccontate al proprio subconscio? Il Therian non si inganna, sa bene di vivere in un corpo da Essere Umano, sa bene di dover lavorare (e non cacciare) per sopravvivere, sa bene che dovrà interagire con strumenti più o meno tecnologici non caratteristici dell'ambiente selvaggio, come sa bene che non si troverà a dover proteggere il proprio branco, la propria famiglia, con i denti e con gli artigli. Il Therian non è un selvaggio; come l'Essere Umano, è tendenzialmente educato civilmente (ma questo, mi sento di dire, dipende dall'educazione impartita dalla famiglia): non graffia le persone, non le morde, non le uccide per semplice sfizio selvaggio; si integra nella società perfettamente anche se, nel suo profondo, sa di non appartenere a quel contesto. Lavora, guadagna uno stipendio, passa il suo tempo sui Social Network o va a mangiare una pizza al ristorante: apparentemente, una persona normale... ma si provi ad interrogarla, a comprendere la sua filosofia. Certamente la vicinanza del Therian al mondo naturale è maggiore rispetto a quella di un Essere Umano tradizionale. Il Therian, anche se vive nella sua casa di mattoni o in un loft presso CityLife a Milano, si sente felice di aver raggiunto degli obbiettivi umani o comunque di averne creati a sufficienza per avere una vita prolifica, interessante culturalmente, socialmente ed economicamente... ma non si sente realizzato completamente. Il suo sogno irrealizzabile di camminare in mezzo agli alberi della foresta a quattro zampe, di addentare una preda e di entrare nel suo branco non si avvererà mai. Il suo istinto, la sua sensazione profonda, il pensiero che lo guidano saranno sempre caratterizzati da quell'elemento animale che, forse, potrebbero renderlo anche migliore rispetto ad un'Essere Umano non-Therian.

Il Therian vive due rapporti: quello umano, tradizionalmente concepibile come il rapporto sociale che uno consuma dialogando, conversando o -perché no- dibattendo con un interlocutore o più, quindi quello animale, concretizzato dalla sua testa, dalla sua mente, dal suo modo di vivere e rielaborare le cose. Il mondo, per mezzo degli occhi di questi, appare diverso. Spesso corredata da comportamenti insensati, la "Massa" viene spinta da leggi forti dettate dalle regole societarie, consumate dal consumismo e dalla produttività continua, da quel "bing" continuo che le casse dei centri commerciali emettono al passaggio dei prodotti... bing, bing, bing, bing, bing; un assordante e continuo *output* meccanico apparentemente privo di significato che scandisce le nostre stesse giornate. Bing, bing, bing, bing, bing, un rumore nauseante, una prova concreta del distacco fittizio tra Essere Umano ed Animale.

La domanda sorge quindi spontanea: chi è in torto? I Therian che si sentono animali o gli Esseri Umani, i quali hanno creato un vero e proprio ecosistema che li ha portati a separarsi dal loro regno biologico? Da quello che la scienza ci dice, le cellule che creano un organismo sono di due tipi, vegetali e animali.

Si sa per certo: l'Essere Umano non è una pianta. ☐ ☐

***: Pensiero magico** - "Il pensiero magico costituisce un tipo di processo mentale in cui le associazioni tra un soggetto e un oggetto non rispondono ad una relazione di causa-effetto come nella logica deduttiva, ma risultano collegati tra loro per somiglianza, simpatia, oppure contiguità in quanto parti di un tutto". (Wikipedia.it)

1. In realtà sapevo della presenza di un fenomeno del genere. Ho stretto legami di amicizia o comunque conoscitivi con persone più o meno vicine a me, le quali sostenevano di essere soggette a questo tipo di fenomeno... peccato che non sapevamo come si chiamasse, se esistevano altre persone a condividere questo dettaglio e se effettivamente la scienza aveva una risposta da darci. Tutte le risposte che cercavo, come tutte le cose migliori della vita del resto, mi sono arrivate per caso.
2. Tradotto dall'inglese da parte dell'autore
3. *"(...) For therians there is a pretty obvious nature connection, I am not so sure that is true of furries (...)"*.

4. Rielaborazione della definizione di Otherkin data dal dizionario Oxford Languages

5. La prima vera comunità di Otherkins è chiamata Elfinkind Digest. Stando a Nonbinary.wiki, questa piattaforma sotto-forma di mailinglist è nata nel 1990 da uno studente dell'Università del Kentucky ed era indirizzata ad "Elfi e osservatori interessati".

6. https://www.quora.com/What-is-the-meaning-of-Therian-in-the-Furry-Fandom

7. *"The term 'therian' in that context is short for 'spiritual therianthrope.' Spiritual therianthropes are a variety of Otherkin (people who feel they are other than human in mind/spirit). Spiritual therianthropy encompasses people who feel that their mind/soul are, in whole or in part, that of a nonhuman animal.*
    Furries, on the other hand, are persons who really like anthropomorphic art. (No, really, that's all it is - the more fringe stuff is just that - fringe). Anthropomorphic animals run the spectrum from things like Bambi and Watership Down (...) Therianthropy is about identity. Furry is about fandom. A therian can be a furry, but most aren't so into anthro-art that they would call themselves that" (https://www.quora.com/What-is-the-meaning-of-Therian-in-the-Furry-Fandom)

8. *"Therians really believe deep down inside they are not fully human. Some furries are therians, some therians are furries and some furries do not know the term therian but when they learn about it, they realize they are therians. Many furries are just furries, it is a hobby for them. We say furries relate to other animals and therians really feel they are part other non-human animals".*

9. https://www.quora.com/I-m-a-therian-and-a-furry-How-do-I-convince-my-mom-to-let-me-wear-a-tai-land-ears-It-just-makes-me-feel-like-me

10. https://otherkin.fandom.com/wiki/Therians

11. Possiamo definire il Teriotipo o Theriotipo di un Therian come l'animale a cui l'identità di quest'ultimo fa riferimento.

12. https://therian.fandom.com/wiki/Theta-Delta

13. *"(...) And, above all, if that of the Therians is a phenomenon that could be connected to human psychology rather than to spirituality (for example, the phenomenon of "Depersonalization" or in any case to Dissociative Syndromes equivalent)?".*

14. *"For some therians it is a spiritual thing, but not for all. Schizotypy seems to be the best fit rather than the dissociative (DID/multiple personality) characteristics. Basically it seems to be about magical thinking to some extent, but also as I mentioned above, similar to gender dysphoria, these folks often believed from a very early age that they were different and not fully human".*

15. https://www.msdmanuals.com/it-it/casa/disturbi-di-salute-mentale/disturbi-dissociativi/disturbo-di-depersonalizzazione-derealizzazione

16. https://www.intherapy.it/disturbo/disturbi-dissociativi

17. I disturbi dissociativi più frequenti sono il DID, citato dalla stessa

Gerbasi, altresì il Disturbo dissociativo dell'Identità; segue quindi l'amnesia e la fuga dissociativa, il disturbo di depersonalizzazione o derealizzazione di cui abbiamo parlato poche righe fa, il disturbo senza specificazione e quindi di altra specificazione come, per esempio, stati di trance dissociativa[16].

18. *"Inherently and by itself, otherkinity is not a mental illness or disorder.*

    Otherkin are those that identify as non-human on an integral, non-physical level. While the community can be very diverse, this is a core part of the established definition. This means otherkin are aware they are physically human, and that this can not change. It is, first and foremost, a personal belief and an ontological phenomenon.

    A mental illness or disorder, by definition, always affects mood, behaviour and thinking negatively in a way that causes distress and negatively impacts daily functioning over a longer period of time. This does not apply to the general otherkin experience whatsoever. Otherkinity is not and has never been the same as clinical lycanthropy, a mental condition where a person believes they can physically transform into a beast.

    The reason why otherkinity is often associated with mental illness is more of a societal issue. It isn't rare that peculiar beliefs, thoughts, ideas or even statements that fall out of the conventional norm are mocked and falsely accused of being the result of, or directly, mental illness. This could also partially stem from a misunderstanding and misconceptions about what mental illness and disorders really are. They may also be attempts to silence, vilify and condemn a certain group of people.

    Just because a concept or belief seems particularly strange and difficult to comprehend does not mean something it is unnatural or a sort of pathology. Any psychologist/psychiatrist will tell you this.

    To address something else, as I see this in the tags a lot: If you are interested in the topic, I advise against using Tumblr as a resource. While there are some serious otherkin on tumblr, most of the people there calling themselves "kin" are heavily misinformed and adopted a warped image and definition of otherkinity, and what it means to be otherkin. The site does not represent nor reflect the larger and older community that is still present on various boards, forums and groups" (https://www.quora.com/Is-otherkin-a-mental-illness-Why-are-otherkin-associated-with-many-mental-illnesses)

19. Sezione sette del pdf Fur-Science!

20. Pagina 116 *ibidem*

21. Lūdo - lūdis, lusi, lusum, lūděre (latino, lūdis, lusi, lusum, lūděre) verbo transitivo e intransitivo III coniugazione: giocare, beffare, divertirsi...

SEZIONE 3
ANALISI SOCIALE

Capitolo 5: *Il Furry Fandom: mondo di diversità e uguaglianza*

Vivere il Fandom

Anche se all'interno del Fandom non vi sono molte persone che producono arte (Disegni, *"Scraps"*, poesie, storie, musica...) quasi tutte sono accomunate dalla capacità di sfruttare il loro "Pensiero magico"*. La presenza di questo tipo di pensiero permette loro quindi di avere una fantasia sfrenata, quello stesso tipo di fantasia che si ha nell'infanzia quando si immaginavano esperienze -per l'appunto- fantastiche.

Statisticamente, chi vive nel Fandom, è più portato ad avere una fantasia a fini ricreativi, creativi, sociali e quindi non patologici più elevata o comunque più sviluppata rispetto a chi non è un Furry o -ancora- non si riconosce come membro del Fandom[1]. Difatti, i Furries e i non-Furries sono in egual modo capaci di distinguere cosa è realtà rispetto a ciò che non è definibile tale.

Un interessante argomentazione a favore di quanto abbiamo detto in apertura di questa sezione, è che i Furry, rispetto ai non-Furry, quindi la loro capacità relativa al Pensiero Magico* e alla fantasia irrefrenabile da loro detenuta, hanno la capacità di sperimentare con più frequenza quelli che vengono chiamati "Sogni Lucidi" o comunque "Allucinazioni". Nel primo caso, come dice MyPersonalTrainer.it, i sogni lucidi *"si verificano quando una persona è consapevole che sta sognando, ma può assumere, in una certa misura, il controllo della narrazione del proprio sogno, essenzialmente* *influenzandone il corso".*

Prima di andare oltre, mettiamo da parte la scienza per un attimo e torniamo alla corrispondenza che io tenni con la dottoressa Gerbasi, prima ancora della stesura di questo libro. Per pura curiosità, arrivai al punto da porgli tre domande in una, altresì: "Secondo la sua opinione e i suoi studi, cosa rende il clima del Fandom qualcosa di: a) diverso dagli altri Fandom sportivi, inerenti agli Anime e allo Sport; b) negativo rispetto agli altri Fandom; c) molto più aperto rispetto agli altri Fandom?". Ebbene, le sue risposte furono quindi le seguenti:

"A) Proprio il fatto che il soggetto del Fandom siano gli animali antropomorfi lo rende meno mainstream, meno nerd (rispetto ai Fandom sportivi o Anime N.d.A.),

B) I Furries sono meno conosciuti dal grande pubblico e sono stati stereotipati per anni dalla stampa come strambi, maniaci del sesso, quindi sono stati stigmatizzati (Ingiustamente a mio dire),

C) I Furries hanno una regola comunitaria che sostiene l'apertura e la comprensione. Forse l'instaurazione di questa regola/norma è una reazione derivante dal fatto che molti dei componenti del Fandom sono stati precedentemente vittime di bullismo. In quanto tali, questi ultimi stanno cercando di creare un ambiente più sicuro e piacevole per le persone stesse che si trovano all'interno del Fandom"[2-3].

A questo punto, per comprendere meglio come si vive il Fandom, decisi di porre una domanda più scientifica, altresì "Esiste una categoria di persone che, per ragioni demografiche, sociali, culturali o intellettuali sono più inclini ad entrare nel mondo proposto dal Fandom?". Dal momento che penso che sia importante comprendere la base su cui si fonda un qualcosa o comunque verso chi si propone per comprendere appieno la natura di una comunità, la mia domanda si basava per lo più su medie e comportamenti comuni relativi ai membri del Fandom. Del resto, per rispondere a questa domanda, la dottoressa Gerbasi mi ricorda che *"i Furry sono perlopiù adolescenti e giovani adulti, ma <u>non</u> possiamo studiare persone di età inferiore ai diciotto*

anni per via dell'etica di protezione nei confronti dei soggetti umani"[3-4].
In conclusione, le illazioni della dottoressa sono relative alla ricerca di identità, all'auto-definizione dell'adolescente di modo da dare un senso a sé stessi, alla propria socialità; trovare un gruppo con caratteristiche simili alle proprie in cui adattarsi.

Prima di passare all'analisi dei punti A, B e C, quindi di comprendere fino in fondo la vita all'interno del Fandom, mi sono sentito di porre un ultima domanda alla dottoressa. A seguito della congettura di Gerbasi, mi è venuto in mente un libro in lingua originale scritto da un suo collega, il professor Philip Zimbardo e il suo "Lucifer Effect", analisi dell'esperimento della prigione. Sicuramente conosciuto da voi lettori per il film omonimo, appunto "Lucifer Effect" o "Effetto Lucifero", Zimbardo condusse un esperimento su dei ragazzi universitari per comprendere come un luogo e delle relazioni pre-determinate potessero in un certo modo condizionare il carattere o il comportamento di questi ultimi. Il professore prese quindi un corridoio dell'università, vi simulò una prigione e al suo interno vi mise degli studenti: un gruppo erano i prigionieri mentre l'altro le guardie. Se all'inizio dell'esperimento le guardie e i prigionieri simulavano una realtà carceraria in modo simil-leggero, quasi amichevole, con il passare del tempo questi calavano sempre di più nei loro rispettivi ruoli e -senza nemmeno accorgersi di quello che stavano facendo- iniziarono a sentirsi davvero prigionieri e davvero guardie. I ragazzi-guardiani iniziarono a prendere a manganellate i ragazzi-prigionieri; li trattavano con disprezzo, derisione... mentre i secondi, i ragazzi-prigionieri, non avevano il coraggio di opporsi ai trattamenti dei loro carcerari (per assurdo, i loro "vicini di aula"). Lo stesso Zimbardo, confessa sul suo libro, era arrivato al punto di perdere di vista l'esperimento e di sentirsi un vero e proprio direttore carcerario. Lui, che avrebbe dovuto interrompere l'esperienza nel caso in cui sarebbe degenerata, sembrava voler alimentare il fuoco interno, introducendo sollecitudini o comunque elementi aggiuntivi che peggiorarono ancora di più la situazione.

L'esperimento, non del tutto etico, permise però alle carceri americane e non solo di riequilibrare il maltrattamento sui detenuti e migliorare le condizioni interne alle prigioni. *In the other hand,* l'esperimento permise di comprendere meglio la psicologia umana e il comportamento selvaggio insito in ognuno di noi. Nasciamo buoni o cattivi? Secondo la scienza, i bambini nascono predisposti a comportamenti cooperativi, i quali poi scemano o si amplificano a seconda delle influenze proposte dall'ambiente circostante.

Per chiudere questa parentesi, si ricorda che l'esperimento non ha lasciato traumi permanenti agli studenti che vi hanno partecipato, quindi che Zimbardo si è scusato apertamente con tutti loro per come era finita l'esperienza. Fornì quindi visite regolari a tutti i test per assicurarsi che la loro psiche non fosse rimasta alterata o comunque lesa. Oggi, Zimbardo tiene conferenze in tutto il mondo per esplicare i risultati (comunque importanti) ottenuti dal suo esperimento.

Ma cosa significa tutto questo? Perché ho fatto questa parentesi? Le domande sono lecite e le risposte sono presto dette. Come ha provato Zimbardo, un ambiente o comunque delle circostanze sono in grado di determinare il comportamento umano. Un luogo ostile, avverso, riprovevole porta ad una serie di comportamenti pre-determinati, come uno aperto, cooperativo e pragmatico né apporta degli altri. Insomma, l'Essere Umano è in grado di adattarsi alla situazione, al luogo in cui si trova quindi, conseguentemente, come si trova. Difatti, la stessa Gerbasi mi conferma che le persone all'interno dei ritrovi e dei Raduni Furry si trovano ad attuare comportamenti completamente diversi rispetto a quelli che tiene solitamente. Si adatta (volente o nolente) all'ambiente che li circonda, nonché alla propria Fursona.

Visto questo materiale riproposto, quindi i capitoli precedenti in cui abbiamo affrontato approfonditamente le tematiche storiche e scientifiche del Fandom, appare chiaro come questa comunità nasce ed è tutt'ora attiva per avvicinare persone con lo stesso fascino verso l'arte antropomorfa, nonché all'animale inteso come tale.

Il Furry Fandom appare quindi come un contesto sociale dove le persone si ritrovano e si conoscono per mezzo dell'elemento fondante, altresì l'arte di matrice *Furrica* prodotta all'interno della comunità stessa. Da queste rielaborazioni grafiche, letterarie o musicali, nasce quindi un gruppo di persone che si riunisce, nei pressi di un focolare, per dialogare e per comunicare. Il Fandom dei Furries va oltre il semplice topic tradizionale come Sport o Anime e Manga, si sviluppa infatti come un Gioco di Ruolo continuo, basato sull'adozione di un identità differente rispetto alla propria. La finzione per gioco si concretizza quindi come una delle tante sfaccettature della comunità stessa, divenendo parte integrante del rapporto sociale da essa fondato.

Quello che viene a crearsi è un mondo differente, diverso, separato in tutto e per tutto dalla realtà. In questo luogo, gente che ha vissuto traumi nel corso dell'infanzia o che comunque dispone di un certo grado di fantasia può trovarsi accolta. Difficile è ritrovare un tema su cui dibattere, un argomento su cui è possibile litigare: tutto è arte e tutto è socialità. Un mondo caloroso quindi, fatto di persone che cercano di costruire una realtà migliore di quella in cui vivono. Lontano dalle strade trafficate, il loro avatar o il loro costume diventa in tutto e per tutto una sorta di bolla, la quale ha il potere di tener lontano tutti quegli elementi negativi in cui si è perennemente immersi. Finalmente un luogo dove quelle persone possono essere ciò che hanno sempre voluto: il costume dell'animale antropomorfo, difatti, non è solo una nuova identità; un volto o comunque un aspetto che si vorrebbe avere, bensì diviene sistema di comunicazione. Con quel costume, con quella maschera, il Furry non comunica alla gente "Come vorrebbe essere", ma incarna "Ciò che è davvero", lasciandosi alle spalle la vergogna e il suo ruolo politico, economico e sociale. Se la vita mondana tende a separare la gente, a categorizzarla sotto etichette pre-stabilite apposte sulla fronte delle persone; semplici titoli d'uso e consumo che riducono l'Uomo ad una Macchina economica, con il Furry Fandom questa etichetta viene eliminata. Grazie a quel costume o a quella Fursona usata come profilo, tu puoi essere chi vuoi, puoi fare ciò che vuoi.

Il Furry Fandom non è solo una comunità di persone a cui piace l'arte antropomorfa, quelle stesse produzioni nate dai Warner Brothers o dalla Disney, bensì è un vero e proprio stile di vita. Partecipando a quei raduni, interagendo su quei social network creati dalla comunità non scappi dalla vita reale, ma ti inserisci in una vera e propria seconda vita, da gestire in modo del tutto complementare rispetto alla prima. Una vita migliore? Forse, ma certamente con gente nuova, con nuovi spazi, nuovi usi e costumi, nonché una nuova identità. Ricominciare da zero ma con la saggezza di chi ne ha viste tante, con il presupposto di non ricadere negli stessi errori fatti in passato. Chi non vorrebbe?

Sottogruppi del Fandom[5]

Ad ogni modo, Fur-Science ci ripropone delle indagini molto interessanti condotte sulla struttura stessa del Fandom. Come abbiamo visto poche pagine fa, il Fandom dei Furry non è solo "Il Fandom", quindi piattaforme e FurCons, bensì è un Metaverso estremamente sfaccettato e stratificato su più livelli. Come ci viene descritto dalla IARP, i membri del Furry Fandom sono di diversa tipologia, ognuno con delle sue caratteristiche intrinseche.

Come prevedibile, se dovessimo limare la componente passiva, Furries, Therians e Otherkin(s) all'interno del

Fandom sono per la maggior parte creativi, personalità quindi che possono essere racchiuse nei sottogruppi "Artisti", "Autori/Scrittori" e "Musicisti". Quanto osservato qui ci permette di capire che il ruolo che il Fandom ha sulla creatività e sull'esposizione di materiale creativo è molto importante. Proseguendo nella trattazione, segue la presenza di FurSuiters. Gli individui a cui piace vestirsi con dei costumi che ritraggono le sembianze della loro Fursona sono prevalentemente i Therians, seguiti dai Furries e quindi dagli Otherkin(s) del Fandom. Il distacco tra Furries e Therians è però minimo: la variazione percentuale è minore dello 0,8%.

Vista l'età adolescenziale dei membri del Fandom, è quindi facile immaginare come subito dopo i FurSuiters rientrino i Gamers, sottogruppo del Fandom popolato in modo piuttosto armoniosamente da tutte e tre le categorie di individui. Anche in questo campo, se gli Otherkin(s) e i Furries sono più o meno allo stesso livello, i Therians che si riconoscono come gamers sono leggermente superiori ai precedentemente menzionati (0,5%).

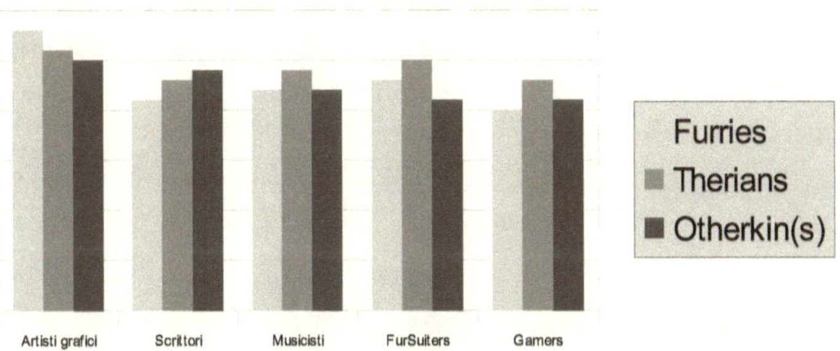

Comune è quindi la categoria dei "Licantropi", all'interno della quale si riconoscono soprattutto le componenti Therian del Fandom, seguiti -come presumibile- dalla componente Otherkin. In questo caso, possiamo definire il sotto-gruppo dei "Licantropi" non tanto come un fenomeno riconducibile a TeenWolf o programmi TV simili, bensì al fatto di credere di essere effettivamente dei Lupi (almeno, nel proprio intimo).

Un'altra componente interessante è quella del "Vampirismo", dei "BabyFurs" e quindi dei "NaziFurs", sottogruppi che esistono ma che non sono sentiti come parte del Fandom, al contrario delle coordinate già citate e riportate nel grafico sopra nonché Therian, Otherkin e Licantropi.

Salvo l'analisi del gruppo Steampunk[6], altresì quella sotto-comunità Furry che produce beni creativo-intellettuali basati su un filone fantascientifico tipico dei libri di Doyle, Verne e Wells, vi è anche un sottogruppo che viene solitamente chiamato "MilitaryFurs", altresì quello popolato da individui che, oltre ad essere membri del Furry Fandom, sono anche o sono stati membri delle forze armate di un determinato paese. Tale sottogruppo, a semplice titolo informativo, nacque sulla rete Usenet "alt.lifestyle.furry" negli anni '90 per mezzo di uno scrittore chiamato Allen Kitchen.

L'analisi generale dei sottogruppi ci porta quindi ad analizzare il ramo degli individui presenti nel Fandom che si riconoscono come "Feticisti di X". In questo caso, la situazione mostra una netta presenza di Otherkin, seguiti dai Therian e da una bassissima componente di individui solo-Furry.

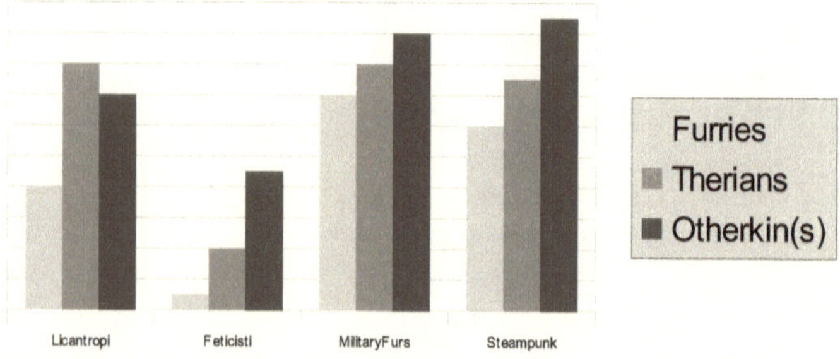

L'immagine definitiva relativa alla vita all'interno del Fandom ci suggerisce quella di una comunità variegata, essenzialmente composta da giovani adulti o giovanissimi caratterizzati dall'abilità di immaginare e lavorare con la loro stessa fantasia. Siamo quindi ad interfacciarci con un ambiente difficilmente rinvenibile in altri luoghi: non esistono delle vere e proprie regole interne, il tessuto sociale di questa realtà si presenta non solo estremamente diversificato ma anche incredibilmente sociale e cooperativo.

La vita all'interno del Fandom potrebbe essere quindi esplicata per mezzo di una schematizzazione molto semplice: si parte da due branche, altresì quella degli utenti attivi e quella degli utenti inattivi (o passivi). Se nel primo caso troviamo un gruppo di persone che vive pienamente il Fandom, sfruttando tutte le sue potenzialità e tutti gli strumenti che mette a disposizione alle persone ad esso associate, dall'altro troviamo degli individui -forse essenzialmente timidi ed introversi-, i quali si sono avvicinati alla comunità semplicemente per osservare o comunque godere ludicamente o intellettualmente per mezzo dei beni prodotti o riproposti dalla comunità. In quest'ultimo caso, i membri passivi del Fandom si limitano ad interazioni o comunque semplici commenti al disotto delle produzioni artistiche ed/o intellettuali. Stiamo quindi parlando della rete internet, del Metaverso riproposto dalla realtà virtuale, da un universo fittizio, ad esclusivo uso e consumo di chi dispone una connessione alla rete internet. Un campo limitato d'azione dettato dalle proprie propensioni sociali.

Dall'altro lato, ecco un gruppo più attivo, propositivo, il quale -ancora una volta- subisce una divaricazione palese: i creatori o i creativi, quindi i semplici "Fan" della comunità che, al contrario dei membri passivi, che sfruttano i Social Network messi a loro disposizione per osservare, guardare e più raramente valutare le opere prodotte da altri, partecipano ad occasioni sociali in prima persona, per farsi conoscere, per creare nuove amicizie. In questa nuova suddivisione è indubbia la presenza degli artisti, degli scrittori e dei musicisti, i quali -volente o nolente- non creano solo per perseguire i loro obbiettivi creativi o legati all'economia dell'intelletto, bensì avviano una propaganda mediatica in via informatica che permette al Fandom di estendere il suo raggio d'azione, divenire più conosciuto e quindi espandersi a livello concreto, arrivando quindi ad includere una più grande fetta di popolazione mondiale caratterizzata da tratti culturali diversificati, variegati, pluri-stratificati, distinti.

Se da una parte c'è chi crea, dall'altra c'è chi usa e consuma. Come in un rapporto sociale basato sul consumismo che, come Danilo Arlenghi ci ricorda, si basa sul fatto di spendere soldi che non si hanno, per comprare cose che non ci servono, per impressionare gente che non si conosce, i Fan del Fandom hanno avviato una vera e propria micro-industria interna, basata sullo scambio di beni e/o servizi di dubbia utilità (YCH, Commissioni artistiche o di FurSuit) semplicemente per sentirsi parte del contesto in cui si trovano. Quello che i membri attivi del Fandom (ma non abbastanza creativi da essere definiti artisti) richiedono alle loro controparti estete è una conferma di quello che sono già: il disegno o comunque il costume per avere un oggetto concreto che testimoni il fatto di fare parte di quel gruppo, di quella comunità ristretta. Questo comportamento basato sul Gadget o comunque sull'acquisto compulsivo di elementi, servizi o beni che non hanno scopo vitale è però importante sul frangente sociale. Il fatto di sentirsi membri di qualcosa o comunque di essere parte di una comunità ristretta in cui delle persone condividono degli stessi piaceri è da considerare un motivo di vanto. Basti pensare alle borracce firmate non da The North Face ma da una qualsiasi Università, una maglietta o una polo marchiata con il simbolo dell'azienda per cui si lavora, quell'adesivo ritraente una mela mangiata appoggiato sul parafanghi di un automobile; oggetti più o meno inutili, simboli senza i quali la vita andrebbe avanti lo stesso. Ebbene, la psicologia umana ci porta ad adottare il significato del simbolo e quindi ad esporlo in modo visibile (collane, bracciali, tatuaggi) perché, per mezzo di questo elemento grafico, ci si rapporta presso una realtà conosciuta da pochi e che quindi ci fa sentire unici o, ancora, soddisfatti delle proprie scelte di vita.

L'acquisto della Fursuit e il fatto di andare in una parata con quest'ultima addosso, quindi di adottare comportamenti particolari per adattarsi allo stile della comunità in cui ci si trova non ha quindi un solo rapporto di ludicità, bensì di riconoscimento personale: "Io sono questa persona, quella che ha la borraccia firmata dall'università, con la polo marchiata dalla mia azienda e con una mela mangiata incollata sul parafanghi"; per questo, "Posso definirmi unico e inimitabile". Sono infatti le scelte che uno sceglie di perseguire, dalla comunità a cui si appartiene, dal filone religioso-spirituale che si segue, quindi il proprio lavoro, gli elementi che caratterizzano una persona rispetto ad un altra. Il Fandom è l'esatta prova di tutto questo, il Furry Fandom più di altri.

Se, come abbiamo già accennato, i Furries passivi passano il loro tempo online, interfacciandosi con il resto della comunità per mezzo di un terminale, i Furries attivi -solitamente- passano il loro tempo con degli altri Furries, cercandoli attivamente. Si *chatta*, ci si scrive, si diventa amici di penna con questi ultimi (e non posso negare di averne avuto uno, americano, almeno fino a quando avevo un profilo Facebook che poi ho deciso di chiudere) quindi si partecipa alle convention. In questi eventi a cadenza solitamente annuale, le persone si radunano in un unico posto: parlano fra loro, socializzano, accrescono le loro amicizie o comunque la loro rete sociale, fingono di essere qualcun'altro o, ancora, sono semplicemente loro stessi. I Furries attivi si incontrano con altri Furries attivi dietro al loro stand, i quali muovono rapidamente la loro mano su un

Solitamente il "Phi-Paw" viene riconosciuto come logo internazionale del Furry Fandom

foglio bianco che, lentamente, prende vita, si anima.

Si acquista, si scambia, si parla, si dialoga, si ride e si scherza, tutto a fini sociali, tutto per allontanarsi dalla vita reale, da quel telefono che squilla insistentemente sulla scrivania, o da quel collega che ti porta pile di carta alte fino al soffitto, le quali attendono solo un tuo autografo. Vi è una separazione fra le due personalità: quella del mondo mondano e quella Furry, che passa il tempo con altre persone che seguono il suo stesso stile di vita o comunque che condividono alcune delle sue caratteristiche distintive.

Ma perché accade tutto questo? La risposta ci viene data dalla storia dell'uomo e dalla sua necessità di riconoscersi al di sotto di un capo o comunque di un totem, una famiglia, una comunità. L'Essere Umano non sa camminare da solo: i suoi passi, per quanto possano sembrare indipendenti, sono solo dei mezzi illusori attraverso i quali ci convinciamo di capacità che non abbiamo. L'Animale-Uomo, come tutti gli altri animali con cui condividiamo questa Terra, ha bisogno di un gruppo di entità simili a lui per mezzo delle quali può ricercare del supporto, che esso sia pratico o emotivo. In merito a tali conclusioni, NOBAProject ci dice che *"Attraverso gli individui, le società e persino le epoche, gli esseri umani cercano costantemente l'inclusione rispetto all'esclusione, l'appartenenza rispetto all'isolamento e l'accettazione rispetto al rifiuto. Come concludono Roy Baumeister e Mark Leary (Sociopsicologi N.d.A.), gli esseri umani hanno un bisogno di appartenenza : 'una spinta pervasiva a formare e mantenere almeno una quantità minima di relazioni interpersonali durature, positive e di grande impatto'. La maggior parte di noi soddisfa questa esigenza unendosi a gruppi (...). Le persone che sono accettate come membri di un gruppo tendono a sentirsi più felici e più soddisfatte. Se vengono rifiutati da un gruppo, si sentono infelici, impotenti e depressi. Gli studi sull'ostracismo -l'esclusione deliberata dai gruppi- indicano che questa esperienza è altamente stressante e può portare a depressione, pensiero confuso e persino aggressività (...). I gruppi non solo soddisfano il bisogno di appartenenza, ma forniscono anche ai membri informazioni, assistenza e supporto sociale. La teoria del confronto sociale di Leon Festinger ha suggerito che in molti casi le persone si uniscono ad altri per valutare l'accuratezza delle proprie convinzioni e atteggiamenti personali. Stanley Schachter ha esplorato questo processo mettendo gli individui in situazioni ambigue e stressanti e chiedendo loro se desideravano aspettare da soli o con gli altri, scoprendo così che -in tali situazioni- le persone tendono ad unirsi."*[3-7].

Interessante è quindi un'altra osservazione fatta da NOBAProject, la quale ritorna su di un argomento che in questo libro è stato molto dibattuto, altresì quello dell'identità. NOBAProject, in merito a ciò, dice che *"I gruppi non sono solo fonti di informazioni durante i periodi di ambiguità, ma ci aiutano anche a rispondere alla domanda esistenzialmente significativa 'Chi sono io?'. Il buon senso ci dice che il nostro senso di sé è la nostra definizione privata di chi siamo, una sorta di registrazione d'archivio delle nostre esperienze, qualità e capacità. Tuttavia, il sé include anche tutte quelle qualità che scaturiscono dall'appartenenza ai gruppi. Le persone sono definite non solo dai loro tratti, preferenze, interessi, simpatie e antipatie, ma anche dalle loro amicizie, ruoli sociali, legami familiari e appartenenza al gruppo. Il sé non è solo un 'me', ma anche un 'noi' (inclusivo N.d.A.)"*[3-7].

L'Essere Umano è quindi un animale sociale che vive grazie all'assembramento: è innegabile, è nella nostra natura da animale, nonché mammifero. Del resto, ogni persona ha anche delle sue preferenze e, in merito al fatto di decidere le persone con cui stare, questi ha il libero arbitrio. Non è quindi il gruppo il vero elemento di diversificazione o di determinazione di un sentimento, bensì è la scelta; la scelta è ciò che definisce l'individuo.

Da individui che si riunivano sotto un totem, un sistema di credenze che ci veniva impartito sin dalla nascita, ci siamo evoluti. Anche se non tutte le culture del mondo permettono di scegliere quali tratti culturali adottare, bene o male abbiamo la facoltà di scegliere cosa ci rappresenta di più, ciò che ci viene più a genio.

Douglas Muth "Fursuiters at the resturant" - CreativeCommons

Grazie a quest'evoluzione sociale, l'Essere Umano può adottare i sistemi di credenze a lui più consoni, cercare i gruppi che sente più famigliari, quindi perseguire determinate norme, tralasciandone completamente delle altre.

Per mezzo di queste scelte più o meno responsabili (che oltretutto vanno ad impattare sulla vita mondana, seppur a gradi diversi) l'uomo può creare il suo Clan, la sua Tribù o, ancora, entrare in gruppi di individui simili a lui già presenti. Che sia per la ricerca di supporto, che sia per interessi personali o per semplice svago, l'Essere Umano -ricordandosi di essere tale- torna agli antipodi, attuando comportamenti cooperativi che gli permettono di associarsi ad entità in cui egli si riconosce, per mezzo delle quali può considerarsi soddisfatto.

Per quanto il Furry Fandom possa sembrare strano, non è altri che il riflesso di una tribù di individui dotati di grande fantasia, gente che ama sognare, immaginare e divertirsi in modi originali, diversi. Del resto, come ci dice Mirco Mariucci in "L'illusione della Libertà", *"La felicità non è una questione di consumo, ma di tempo libero in abbondanza per esprimere il proprio essere"*. □ □

---

*: **Pensiero magico** - "Il pensiero magico costituisce un tipo di processo mentale in cui le associazioni tra un soggetto e un oggetto non rispondono ad una relazione di causa-effetto come nella logica deduttiva, ma risultano collegati tra loro per somiglianza, simpatia, oppure contiguità in quanto parti di un tutto". (Wikipedia.it)

1.   Fur-Science! Pagina 127
2.   "What is the element that in your opinion and according to your studies, makes the climate of the Fandom something: a) different from the groups of StarTrek, Anime and Sports, *just the fact of what they are interested in... anthropomorphic animals, though sports fans are clearly more main stream, less nerdy* b) negative compared to other Fandoms, *furries are less well known by the general public, stereotyped for years in the press as weirdos and sex maniacs so they are more stigmatized (unjustly in my opinion)* c) more open than to other Fandoms? *Furries have a group norm which endorses openness, and understanding, maybe this is a reaction to the fact that many of them have been previously bullied and they are trying*

      to create a safer nicer environment for folks within the fandom".

3.   Tradotto dalla lingua inglese dall'autore

4.   *"I think fandoms tend to be adolescents and young adults, but we cannot study folks under the age of 18 due to human subject protection ethics. This age group is searching for identity and self definition so the pattern makes sense, trying to find a place/group to fit in with".*

5.   Sezione basata sull'immagine S11 di Furry Subgrups in FurScience (furscience.com/wp-content/uploads/2018/02/s11-Furry-Subgrups.jpg)

6.   "Lo steampunk è un filone della narrativa fantastica, e più nel dettaglio di quella fantascientifica, che introduce una tecnologia anacronistica all'interno di un'ambientazione storica". (Wikipedia.it)

7.   https://nobaproject.com/modules/the-psychology-of-groups

Capitolo 6: *Controversie e problemi legali*

RainFurrest: sesso e molestie

Purtroppo, il mondo dei Furries non è privo di problematiche. Uno dei primi paletti che il Furry Fandom dovette affrontare fu proprio quello di Rainfurrest (Sic!), una convention il cui nome è basato su un gioco di parole, l'unione del termine "Rain Forest" (Foresta Pluviale) con la radice "Fur" della parola "Furry", "Peloso". Ebbene, questa realtà, questa convention gestita dalla *RainFurrest Anthropomorphics International* (R.A.I.) ha dato da parlare molto e ha alimentato largamente il fuoco che già ardeva sul braciere del Fandom.

L'associazione, la cui prima convention venne tenuta nel 2007, presso l'Hotel Holiday Inn Seattle-Sea-Tac Airport, attirò ben 370 presenze con una donazione economica di quasi 1000$ verso il Sarvey Wildlife Center. Fino a qui nulla di strano.

La conferenza iniziò a susseguirsi anno dopo anno nel mese di Settembre, attirando sempre più presenze: 599 nel 2008, 905 nel 2009, 1045 nel 2010, sino ad arrivare ad un numero di ospiti pari a 2704 nel 2015. In quest'ultima occasione, R.A.I. diede in beneficenza ben 10.000 dollari al Parco Zoologico di Cougar Mountain... peccato che però fu l'ultimo congresso.

Secondo Fred Patten, Story Editor di Lupin III e altri Anime, nel 2015 vi fu una discussione di carattere distruttivo direttamente all'interno del congresso. In questa sede, ecco che vennero mosse pesanti accuse di vandalismo, molteplici visite da parte delle forze dell'ordine e numerosi arresti per aggressione fisica, aggressione sessuale e possesso di droga. Gli organizzatori dell'evento, a quel punto, rilasciarono una lettera di denuncia a tutti coloro che avevano partecipato al congresso dicendo che: *"negli ultimi anni, l'Hilton ha subito più danni durante RainFurrest rispetto a qualsiasi altro evento all'Hilton, per l'intero resto dell'anno"*. La colpa, del resto, doveva essere assunta dagli organizzatori stessi dell'evento che, non a caso, vennero automaticamente ritenuti responsabili dei danni presso l'hotel Hilton di Seattle. Ma non finì qui. A causa di questo comportamento del tutto inammissibile, quasi con caratteristiche -e chiedo scusa per il gioco di parole- *animalesche*, la direzione dell'albergo si fece riluttante nell'accettare la RainFurrest nell'anno successivo.

Nel frattempo, per mezzo dei mass media e giornali, il disastro che aveva colpito l'Hilton si seppe in tutta l'America e oltre, portando i gestori di altri centri congressi a rifiutare categoricamente la R.A.I. come organizzatrice dell'evento. Nel 2016, la convention venne annullata e la convenzione venne sciolta:

Ciao, Rainfurs.
È con il cuore triste che dobbiamo dirvi che stiamo chiudendo RainFurrest come convenzione. Il consiglio di amministrazione di RainFurrest *Anthropomorphics International (R.A.I.) ha lavorato duramente per garantire una sede, ma abbiamo esaurito tutte le nostre opzioni. In questo momento, non possiamo fare nulla[1]. Ringraziamo tutti voi per aver aspettato e per essere stati con noi. Ci dispiace deludervi.*
Anche se la convention RainFurrest è stata chiusa, R.A.I. continuerà a tenere Furlandia a Portland, così come il barbecue estivo e la festa delle vacanze invernali a Seattle. Continueremo anche a supportare e promuovere il fandom peloso nel Pacifico nord-occidentale e in tutto il mondo, perché vogliamo che tutti vedano le grandi cose che la nostra comunità, i nostri colleghi e i nostri sostenitori realizzano ogni giorno.
Grazie a tutti coloro che ci hanno aiutato a gestire RainFurrest: personale o volontari, tanti anni o pochi. Grazie a tutti coloro che si sono uniti a noi per

celebrare le cose meravigliose che il nostro fandom porta in vita e la straordinaria comunità che possiamo creare lavorando insieme. Grazie dal profondo dei nostri cuori.
Speriamo di vederti ad altri eventi R.A.I. e non vediamo l'ora che arrivi l'arrivo di Furvana a Seattle nel prossimo futuro.
Il consiglio di amministrazione di RainFurrest

Con il senno di poi, l'idea di base della convention era anche interessante e piacevole ma, purtroppo, era il gestore di queste ultime a non essere adeguato al suo pubblico. Del resto, oggi la "RainFurrest" viene ricordata come una convenzione nota per i molteplici incidenti e quindi per i numerosi fallimenti gestionali a carico del gruppo organizzativo.

Ciò che si evince da un post su Reddit scritto da TheGreatKamou[2], è che quegli eventi non erano poi granché, se non esatte riproposizioni delle problematiche di cui discuteremo successivamente. Quello che l'utente Reddit crea è un dipinto molto particolare dell'evento dove, in primis, regna una trasposizione in chiave fetish del Furry mentre, in secondo luogo, sembra esservi una gerarchia basata sullo stile della pelliccia indossata durante l'evento. Per mezzo di quest'ultima, altri Furries decidono a chi accostarsi e a chi no, denigrando coloro che hanno un travestimento più economico o meno bello ed appariscente.

Ad ogni modo, per colpa di questi organizzatori o comunque degli eventi accaduti presso l'hotel, non sarebbe corretto fare di tutta l'erba un fascio. Come ci sono associazioni incapaci di gestire un evento che, in breve tempo, decade divenendo un incubo, ci sono anche organizzazioni molto più serie che riescono a far quadrare le situazioni, riuscendo così ad organizzare una conferenza così come dovrebbe essere organizzata.

Stando però così le cose, il Furry Fandom ha altre controversie da esplorare.

Chipfox (autore omonimo) mascotte di Rainfurrest - CreativeCommons

Per dirne una, quella del sesso, del feticismo e quindi della pornografia, elementi che già all'inizio di questo libro avevamo citato ma non approfondito in modo completo.

E' palese che questi tre elementi siano presenti massivamente all'interno del teatro che il Furry Fandom mette in scena ogni giorno. E' sufficiente visitare qualsiasi piattaforma online o anche community per capire che esiste una componente feticistica all'interno del gruppo. Del resto, è anche vero che, come nel caso precedentemente analizzato, non tutti gli artisti e nemmeno tutti i membri del Fandom utilizzano la pornografia o il Furry come elemento da utilizzare per scopi sessuali (quale l'auto-erotismo).

Pornografia è un termine che deriva dal greco (πόρνηγράφεινία) e che nella sua accezione originale (πορνογράφος) veniva e viene tradotto come "Scrivere di prostitute". All'interno del Fandom sono quindi presenti elementi "Furotici" (un *portmanteau* coniato dall'unione dei termini "Furry" ed "Erotico"), arte Yiff o FurPorns a sfondo erotico. Secondo critici e membri del Fandom, tali soggetti sono quelli che costituiscono la percentuale più elevata della produzione artistica e letteraria prodotta dai Furry presenti all'interno del Fandom... ma perché? Fuori dal Fandom, ognuno deve adeguarsi alle leggi convenzionali o istituite da un governo mentre, all'interno del Fandom, queste norme e questi regolamenti d'uso non esistono. Ogni comunità è quindi libera di esporre il proprio estro creativo, il proprio pensiero e la propria creatività nel modo in cui desidera, senza imposizione di vincoli e limitazioni. Ebbene, il Furry diviene quindi l'oggetto per mezzo del quale l'artista crea un opera digitale o letteraria. Un attore che, per mezzo della volontà del creatore, quindi all'estro creativo di quest'ultimo, si piega al suo volere, compiendo azioni, esponendosi in situazioni o provando sensazioni che, molto probabilmente, vorrebbe sperimentare lo stesso creatore dell'opera.

Secondo alcuni osservatori, la realtà del Furry Fandom è però ben diversa. Secondo lo spettacolo 2Sense, la presenza massiva del porno nella comunità *Furrica* sarebbe quindi il risultato di quello che si è soliti chiamare "Pregiudizio cognitivo"[3], un bias, un modello sistematico di deviazione della norma o della razionalità del giudizio che porta a creare nell'individuo una sua realtà soggettiva, sulla quale baserà poi interpretazioni illogiche, giudizi imprecisi, distorsioni percettive e quindi l'irrazionalità. Quello che vuole trasmettere 2Sense è quindi un concetto interessante e che potrebbe essere comprovato per mezzo di un esperimento mentale, basato sul semplice uso della percentuale: *"Il livello di pornografia contenuta all'interno del Fandom è pressoché nella media o persino riproposta in percentuale minore rispetto al mondo mondano, ma viene esposta in modo diverso"*. Quello che lo show precedentemente citato afferma è che, dal momento che nel Furry Fandom la pornografia non è un Tabù, questa viene esposta con più frequenza e con meno limitazioni verso il pubblico, inducendo a pensare che il quantitativo in cui questa viene prodotta sia di gran lunga maggiore rispetto a quella che viene generata al di fuori del Fandom.

Anche se non esistono stime scientificamente precise per comprovare quanto detto nello spettacolo, si pensa che il livello di disegni e opere d'arte a sfondo pornografico all'interno del Fandom si attestano in torno al 25-40% (Opere per "Adulti"). Il restante è quindi rappresentato dai generi "Maturo" e "Generale" (accessibili entrambi a internauti al di sotto dei diciotto anni d'età compiuti).

Del resto, stando alla "Gerarchia Geek", ideata da Lore Sjöberg e pubblicata sul suo sito web di umorismo ormai defunto, Brunching Shuttlecocks, l'Erotismo Furry è il tema meno Geek (quindi "Meno interessante") di tutti i tempi, tant'è che viene classificato come: *"Persone che scrivono versioni erotiche di Star Trek in cui tutti i personaggi sono pelosi [...] e mettono una versione pelosa di se stessi come protagonista della storia"*.

Ad ogni modo, le immagini fetish basate sulle parafilie[4]

sembrerebbero occupare la stragrande maggioranza delle pubblicazioni pornografiche caricate all'interno delle *FurryCom* (Comunità Furry), accompagnate quindi dalle fantasie di stupro e le trasformazioni, in cui un animale diviene umano o viceversa. Ebbene, tali espressioni artistiche o, ancora, pornografiche, non sono esclusive del Furry Fandom ma, al contrario, possono essere ritrovate (addirittura con maggior frequenza) presso altri Fandom o altre comunità online.

Ad ogni modo, vista la presenza di questo materiale pornografico originale, nel 1998 venne creato un gruppo da due personaggi (umani): Squee Rat ed Eric Blumrich. Questi ultimi, riconosciuti come membri fondatori del Burned Furs ("Pellicce bruciate"), il cui simbolo era l'impronta di una zampa canina circondata dal fuoco, volevano cercare di fare piazza pulita e convertire il mondo dei Fandom da "Pervertiti" a qualcosa di più "Normale". Non a caso, il loro motto, la loro missione, tagliente come una lama di rasoio, non era altro che; *"Il mondo dei fan incentrato sull'antropomorfismo è invaso da Hack disfunzionali e sessualmente pervertiti, socialmente rachitici e creativamente falliti"*. Accuse forti quelle che venivano mosse da Rat e Blumrich, ma che secondo alcuni erano precise, nonché estremamente necessarie per fare un po' di pulizia.

Questo gruppo[5], formato da *"Furry che hanno parlato contro la perversione del Fandom e che per questo sono state bruciate sul rogo"*, venne quindi spesso accusato dagli *"Hack disfunzionali e sessualmente pervertiti"*, nonché simpatizzanti di questi ultimi, ad essere un organo che voleva imporre una visione del tutto antisessuale all'interno delle comunità, nonostante una buona percentuale dei membri del Burned Furs fossero originariamente artisti che producevano opere erotiche.

In termini generali, le "Pellicce bruciate" erano un movimento intollerante nei confronti di tutte quelle persone che promuovevano (per mezzo di audio, testi e immagini) la loro perversione o la loro ideologia tramite la stampa o i canali internet, soprattutto quando quell'opera d'arte o quel contenuto aveva lo scopo di rappresentare l'intera comunità Furry nel suo insieme.

All'interno del manifesto programmatico del gruppo, Rat chiarisce che i feticci personali e le scelte di vita di una persona (per quanto insolite) non erano un problema... ma solo se venivano mantenute come una questione privata, in aree private o comunque lontane dagli occhi del pubblico tradizionale. Ma da condizioni accettabili, ecco che il manifesto assumeva un tono sempre più dittatoriale, arrivando persino a cambiare il fenomeno della cultura Furry in modo estremamente radicale. Per fare un esempio, le "Pellicce Bruciate" imponevano alla comunità un regolamento privo di logica: una persona non poteva essere un "Furry" senza, per esempio, avere uno spirito animale o, ancora, praticare il veganismo.

I Burning Furs, da quel raggio di luce, nato per disintossicare la comunità Furry dalla Pornografia o comunque per contenere tale fenomeno, divenne letteralmente un rogo su cui bruciare i poveri mal capitati che cliccavano sul tasto "Log In" di una qualsiasi comunità online inerente al mondo dell'antropomorfo. Divenne un gruppo a toni forti, dall'aspetto quasi dittatoriale poi potenziato e sottolineato dalla produzione di magliette e capi d'abbigliamento *brandizzati* e con la scritta *'I don't have a lifestyle, I have a life''* ("Non ho uno stile di vita, ho una vita") che sembrava quasi beffeggiare le altre magliette, quelle della comunità pelosa, di tutt'altro contenuto.

Ebbene, la loro ferma convinzione nel portare avanti il loro programma e il loro manifesto, portò ad accuse molto pesanti a tutti i componenti del gruppo che, da quanto si legge, arrivarono al punto di minacciare e compiere atti fisici contro i loro avversari, sabotando eventi congressuali e quindi minacciando di morte quegli utenti che non volevano sottoporsi alle loro convinzioni[6] (ma non vi sono prove di quanto riportato). Si arrivò persino a fare guerra con membri interni dello stesso gruppo. Non a caso, Peter Schorn, nel 2005, scrisse "Eric Blumrich (Fondatore dei B.F., N.d.A.), sei un traditore e un ghoul, oltre che un codardo. *La prossima volta che ti vedrò ti ucciderò a mani nude*. E tu non sei un essere umano. Sei un animale. Senza pensiero, senza compassione, senza pietà, senza amore"[7]. A seguito di questo eccesso di ira mostrato da Schorn per destabilizzare il fondatore del gruppo che, nel frattempo, diveniva sempre più estremista, un grande numero dei Burning Furs lasciò la congrega.

Caso vuole, che quando il gruppo desistette, il sito venne chiuso e, pochi mesi dopo, venne acquistato da un merchandiser pornografico.

Non si può dire, visto di quanto abbiamo discusso, che il Fandom sia mosso attivamente dalla produzione pornografica e quindi dal ricircolo di immagini a sfondo feticista, al contrario possiamo dire che è un mondo altamente variegato, in cui la produzione sconfinata di opere non sembra conoscere confini e nemmeno pudore. Chi può dire che sia giusto o sia sbagliato? Quello che sappiamo è che sicuramente, la componente pornografica presente all'interno della comunità, abbia innescato (più o meno attivamente, più o meno volontariamente) delle reazioni esplosive da parte di alcuni membri del gruppo che, a loro volta, hanno portato a degli squilibri interni e quindi a feroci atti di odio. A questo punto però è importante porre una domanda al lettore: esiste un luogo, in tutto il mondo o in tutto il *metaverso*, in cui non sono mai state attuate delle reazioni esplosive? Penso di no. Per quanto internet possa essere sconfinato, persone con pensieri diversi si troveranno sempre e comunque a condividere lo stesso server, arrivando a generare atti di odio e violenza che non solo sono tipici del mondo umano, bensì di tutto il mondo animale.

Del resto, la nostra trattazione sulle controversie che piombano all'interno del Furry Fandom non può fermarsi qui. Una delle pratiche più insolite e che caratterizza non solo questa ma anche altre comunità è quella di acquistare vestiti o costumi a tema che, in questo mondo, vengono chiamate FurSuit (letteralmente "Tuta pelosa").

Riguardo a quanto accennato qui, ecco che sono state mosse diverse critiche pesanti, dicendo che i componenti del Fandom non sono altro che *"persone che hanno un bisogno folle di scappare dalla realtà, di mettersi un costume per credere che così tutto andrà bene"*[8]. Non posso mettermi dalla parte del Fandom, smentendo completamente quanto detto dall'utente di cui sopra; al contrario, posso dire che quanto riportato sopra è parzialmente corretto (come, del resto, l'intera sua osservazione ritrovabile al link esposto in nota 8[8]).

L'idea della vestizione basata sull'acquisto di capi d'abbigliamento particolarmente costosi, per il semplice gusto di immedesimarsi all'interno di una realtà o comunque di un individuo o creatura fittizia (si vedano quelli che vengono chiamati *"Cosplayer"* (コスプレ), ovvero persone che, per mezzo dell'abito, riproducono o cercano di emulare personaggi di science-fiction [Star Trek], Anime, programmi televisivi e quant'altro), viene trasposta nella realtà *Furrica* per mezzo dell'acquisto e quindi dell'atto di indossare un capo basato su di una realtà alternativa, dove gli animali hanno colori sgargianti e camminano su due zampe anziché quattro. La realtà del *Cosplaying* esiste quindi nel mondo del Furry Fandom come in altri Fandom. E' la vicinanza dell'individuo verso un personaggio che quindi spinge quest'ultimo ad assumerne le fattezze per mezzo del costume.

Tale realtà, quella di immedesimarsi all'interno di un entità diversa indossando una maschera o un costume, non è però da ricercare nelle usanze New Age dell'intrattenimento, bensì nel passato più remoto. Nell'Antico Egitto, i sacerdoti di Anubis indossavano delle maschere per incarnare in tutto e per tutto il potere del Dio, lo stesso facevano i sacerdoti Aztechi e Maya che, per compiere rituali più o meno sanguinolenti, si vestivano o comunque indossavano una maschera che gli permetteva di identificarsi con una realtà meno umana e più divina. Quella del *Cosplay* (letteralmente "Gioco del Costume" da "Costum" e "Play") è quindi un usanza del tutto umana che, se inizialmente aveva una connotazione più spirituale, ora riveste più l'ambito del gioco, del divertimento più bambinesco, quello che permette al "Fanciullino" della poetica Pascoliana di uscire dall'interno del nostro corpo e di emanare la sua lucentezza.

È dentro noi un fanciullino che non solo ha brividi [...] ma lagrime ancora e tripudi suoi.
Quando la nostra età è tuttavia tenera, egli confonde la sua voce con la nostra, e dei due fanciulli che ruzzano e contendono tra loro, e, insieme sempre, temono sperano godono piangono, si sente un palpito solo, uno strillare e un guaire solo. Ma quindi noi cresciamo, ed egli resta piccolo; noi accendiamo negli occhi un nuovo desiderare, ed egli vi tiene fissa la sua antica serena maraviglia.

Incipit del I capitoletto

Il fatto quindi di emulare un personaggio della fantasia non solo per mezzo dell'arte grafica, sonora o letteraria, bensì di simulare le sue movenze, i suoi comportamenti; incarnare in tutto e per tutto le caratteristiche stesse del personaggio, permette all'Essere Umano di rivivere quelle sensazioni che, per la prima volta, avvertì da bambino. Tale ritorno al passato, permette quindi a questi Furries di divertirsi in un modo completamente diverso rispetto ai canoni tradizionali, lasciandosi alle spalle una realtà fatta di uffici grigi e scartoffie da scrivania per animare nuovamente la sua stessa esistenza, questo per mezzo di comportamenti del tutto non canonici e non tradizionali, letteralmente "Fuori dagli schemi".

Il discorso delle maschere, quello relativo al fatto di fingere di essere un altra entità, permette quindi al Cosplayer -o più precisamente al Furry, nel nostro caso specifico- di evadere da una realtà monotona e prevalentemente imposta da quella che è la società, condizionata in tutto e per tutto dall'economia, dalle mansioni lavorative e, perché no, anche dal Governo e dalle leggi emesse da quest'ultimo.

L'Isola che non c'è di cui stiamo parlando qui è quindi una realtà fittizia, creata e generata dalla mente dell'individuo che decide autonomamente di adottare delle sembianze, delle caratteristiche e delle capacità che, altrimenti, nella vita reale, non potrebbe avere. Si rientra quindi nell'arte della finzione e della menzogna, la capacità di auto-ingannarsi e di ingannare il prossimo per scopi puramente ludici... la stessa identica cosa che si prova quando, nell'entrare a Gardaland, a Disneyland o DisneyWorld, si incrociano animatori vestiti da Prezzemolo, Topolino, Pluto e così via. Si ha quindi la riproposizione del fittizio; la falsità che diviene magicamente realtà, l'impossibile che diventa possibile... e questo accade in modo concreto. Il divertimento del Cosplay, soprattutto nei Fandom, è quindi adottato bilateralmente: colui che si veste da antropomorfo fa un piacere a sé stesso (scappando da una realtà-matrice imposta da ciò che circonda l'uomo) e a quello che lo guarda o ci interagisce.

Quello del Fandom dei Furries è però paradossalmente povero di FurSuiters (o Suiters, o Zooters). La motivazione che spinge a concludere ciò è da ritrovare prevalentemente nell'ambito economico: le FurSuits, che siano usate per lavoro, carità, intrattenimento, giochi di ruolo, spiritualità o sessualità (quindi il fetish della simulazione a sfondo sessuale), sono molto costose (la più economica si aggira intorno ai 1.000$). Per la motivazione precedentemente esplicitata, molti Furries decidono di costruire la loro pelliccia artigianalmente, acquistando le materie prime presso spacci o rivendite e quindi mettendosi di buona lena davanti ad una macchina da cucire[9].

Acquistato o realizzato l'abito, il Furries si cala nei panni della sua creatura e agisce di conseguenza. Nel momento in cui quest'ultimo entra nel vestito, deve iniziare a recitare una parte. Come si legge su WikiFur, cito lettera per lettera, *'Il fursuit più costoso del mondo sarà inutile per qualcuno che non ha le conoscenze per usarlo. Una bella apparenza è importante, ma non tanto quanto il recitare"*. La sezione creativa dedicata alla scelta o alla realizzazione dell'abito passa il suo testimone ad una seconda sessione creativa: la creazione del personaggio. Andando a Disneyland, nel vedere le sfilate fatte dagli animatori in costume, si vedono questi ultimi fare delle movenze o comunque avere dei comportamenti troppo strani per essere Umani. Se l'animatore all'interno del vestito si comportasse -nella vita reale- nello stesso modo con cui rappresenta il personaggio a lui assegnato, ecco che sicuramente lo riconosceremo da lontano (e probabilmente gli daremmo anche del *deficiente*). La parte recitativa è quindi quella porta che permette al Furry -o comunque al Cosplay- di lasciare alle spalle la sua vita da dirigente d'azienda severo e bacchettone (un'identità imposta niente meno che dal suo lavoro e dalla sua mansione) e di fare ciò che veramente vorrebbe, facendo quella che viene chiamata "Auto-Ironia", una presa in giro rivolta a sé stesso presa con leggerezza. Si sa, quella che sta facendo, "E' solo una parte", "Semplice finzione"; "Nel farlo, non mi prendo sul serio".

Una delle cose più belle di questa realtà è che, con indosso il costume completo, tu sei qualcosa di diverso, ti immedesimi in una realtà completamente differente dalla tua e, proprio per questo, non parli; comunichi solo e soltanto con gesti molto teatralizzati, un linguaggio del corpo spinto sino al confine della recitazione; gesti ampi, movimenti rapidi; azioni frizzanti, per così dire. Del resto, il semplice fatto di parlare, potrebbe distruggere l'ambiente ricreato per mezzo della tuta: si rompono le caratteristiche del personaggio, si diviene semplici uomini in una tuta; l'anonimato dell'intrattenitore celato all'interno del suo contenitore viene semplicemente spezzato.

I FurSuitters sono effettivamente degli animatori a tutti gli effetti: animano, per mezzo di movenze e azioni, un personaggio che altrimenti esisterebbe esclusivamente in un film, in un libro, in un opera d'arte, o nella mente di qualche artista molto, molto creativo. Sono effettivamente l'anima che sta all'interno del pupazzo e che garantisce a quest'ultimo la vita.

Ad ogni modo, in alcuni paesi, è impossibile, vietato per legge, entrare in contatto con il pubblico se con indosso una maschera. Gli organizzatori di FurCon che abitano in questi luoghi si trovano quindi a dover richiedere permessi speciali per poter organizzare parate o, più semplicemente, raduni in costume. Tali leggi legate al divieto di usare maschere in pubblico vi sono anche in Italia, ma non sono "Anti-Furry", sia chiaro, è semplice sicurezza (Testo Unico di Pubblica Sicurezza, Leggi Antiterrorismo a Volto Coperto[10]).

Conclusione: la gente odia il Furry Fandom?

A seguito di quanto abbiamo detto, perché la gente odia il Furry Fandom e l'intera comunità del Furry? Questa è una domanda lecita, soprattutto in un capitolo dove abbiamo affrontato tematiche particolarmente complesse che sembrerebbero sminuire il Fandom ad una serie di congetture basate sul *"Misunderstanding"*, nonché su un telefono senza fili infinito che ha portato letteralmente alla proiezione di visioni che son ben lontane dalla realtà[11].

Tornando al nostro discorso, secondo James Eisner[12], Furry e artista dilettante, le persone odiano il mondo dei Furry perché, in primo luogo, lo trovano particolare, troppo strano per essere compreso. Difatti, quello dei Furry è un hobby strano: questa gente, da dove mai avrà preso l'ispirazione per vestirsi da animale antropomorfo? E' effettivamente più normale vestirsi da capitano Kirk o da C1P8 (R2D2) di Guerre Stellari. Del resto, questo odio illimitato verso questa sub-cultura nata in America, diviene anche un principio di sfogo per gli internauti che, puntualmente, usano queste comunità come sacchi da box (*"Hahaha, dog-people!"*). Navigando in rete è quindi semplice imbattersi in fumetti o comunque "meme" (dal greco μίμημα, "imitazione") che deridono l'intero Fandom senza alcuna pietà. Perché succede? In primis, perché è una cultura strana, quasi -nel gergo della rete- *"Cringe"*, ovvero, "Ridicola", ma anche per altri motivi che espliciteremo di seguito.

Tendenzialmente, un altro problema relativo a tutto ciò che gira intorno al Fandom è che l'informazione fa fatica ad uscire, dipingendo questo mondo apparentemente sconosciuto a tinte fosche, coperto dalla nebbia più spessa. Se solo la conoscenza della comunità dovesse aumentare, allora ecco che, quasi come per magia, lo scontro tra Furry ed esterni tenderà a scendere. Ci troviamo però in un mondo dove i mass media sono i padroni dei nostri cervelli; quello che questi ultimi ci dicono (per quanto le informazioni possano essere trasmesse da una serie TV basata sulla finzione) lo si prende per vero, un po' come il risultato del Paradosso dei Gemelli: non c'è una prova concreta che dimostri l'esattezza di quest'ultimo, ma il risultato dell'esperimento mentale viene preso per buono. Una fiducia che diamo a priori, senza nemmeno interrogarci sul perché.

Un altro punto importante che caratterizza l'odio della gente verso questa comunità sono le problematiche presenti all'interno del Fandom stesso; né abbiamo parlato prima. Partendo dal Furry come oggetto feticistico, arrivando alle immagini e alla vasta produzione pornografica, quindi agli scontri di più membri della comunità, derivanti niente meno che da pensieri e ragionamenti differenti. Questa sommatoria di tratti ci porta al punto di disegnare, dell'intera Comunità Furry, una sorta di campo di battaglia in cui "Si salvi chi può". E' vero, anche lo stesso Eisner conferma che nel Fandom vi sono delle problematiche serie e che vanno affrontate, ma perché -come in qualsiasi grande gruppo di persone- la tendenza umana di imporre un volere, un ragionamento o di accogliere a braccia aperte dei favoritismi non si fa piegare da nessuno. La nostra fonte dice che *"Ci sono persone che dovrebbero essere condannate, ed eventi che dobbiamo assicurarci che non si ripetano mai più"*, ma anche che *"Questi problemi non dovrebbero essere considerati come risultati del Fandom, bensì come gli effetti determinati da gruppi di persone cattive (tossiche) presenti all'interno della comunità"*. Insomma, si parla di un risultato su più livelli: il Fandom è una piazza che accoglie cittadini di diverso pensiero... ci sarà quello che prende il caffè educatamente seduto ad un tavolo fuori da un bar e quello che lancia nella fontana centrale le biciclette acquistate dal comune. Essendo questa la visione d'insieme, l'ultimo individuo non dovrebbe essere considerato come il porta bandiera, l'ambasciatore dell'intera piazza. Se fosse così, noi Milanesi saremmo gente a cui piace gettare le biciclette comunali nel Naviglio Grande, tanto per farle ripescare agli operatori AMSA dopo qualche mese.

Il Fandom (che, specifico, non è un culto, una setta, una religione ma semplicemente una comunità di più persone che condividono interessi ludici e/o intellettuali comuni) risulta quindi come una proiezione per tutti coloro che non lo comprendono sino in fondo. Il ragionamento che viene messo in luce è il seguente: se su Facebook un utente con un profilo appartenente alla comunità dei Furry mi risponde in malo modo, allora significa che tutta la sua gente è della stessa pasta. Il dibattito, in merito a questo punto, mi sembra che non necessiti di ulteriori spiegazioni.

Si passa quindi alla pornografia e al carico di materiale a sfondo sessuale che -almeno apparentemente- riempie i server di Fur Affinity e comunità associate. E' vero, nel mondo del Furry Fandom esiste e ci si avvale spesso alla Massima di Internet (non ufficiale) chiamata "Rule 34". Con "Rule 34" non intendo il sito pornografico concepito come tale, bensì il nome di una regola che annuncia: *"Se una cosa esiste, allora né esiste anche la versione porno"*. Ebbene, basti pensare ad ogni film Disney che abbia un animale antropomorfo che, eccolo, sul Furry Fandom appare sulla base della regola 34: da Topolino e Minny, da Nick Wilde a Judy Hopps, ogni singolo personaggio antropomorfo o che potrebbe diventarlo, passa per il tunnel della pornografia. Il Furry Fandom, commenta Rony René Romero[12] (un altro Furry) è infatti famoso per *"uccidere l'infanzia"*.

Un interessante aneddoto che viene riportato dal già citato Romero è quindi imputabile agli eventi RainFurrest di cui abbiamo parlato all'inizio di questo capitolo. L'utente Quora dice che quando gruppi di Furry entrano negli hotel o nei centri congressi per fare le loro conferenze (o comunque le loro convention), le quali durano più o meno dai due ai quattro giorni (solitamente Sabato, Domenica fissi, più eventualmente il Lunedì e il Martedì), al termine della giornata, vanno nella loro camera. Ebbene, si presume che i Furry impellicciati presenti facciano delle *"Grandi orge pelose"* (sic!). Quanto detto è avvalorato da una pratica che viene svolta durante le convention: le aste Furry. L'idea di base sembra un poco schiavista, ma in realtà potrebbe essere anche interessante (se analizzata sotto alcuni punti di vista). Durante queste "aste" (la cui partecipazione non è imposta ma è completamente libera), i cui guadagni vengono totalmente donati in beneficenza, i FurSuiters vengono letteralmente battuti all'asta e venduti come "Pet for the day" ("Animale domestico del giorno"). Considerando che il fine ultimo della cosa, almeno a livello gestionale, è per donare soldi in beneficenza presso riserve naturali o quant'altro, quindi di creare legami amichevoli senza alcuna imposizione ("L'amico del giorno", per così dire), le persone che acquistano questi "Pets" sembrano non essere dello stesso parere. Dopo aver acquistato il FurSuiters, alcuni utenti del Fandom sostengono che gli acquirenti costringano -o comunque mettano il FurSuiters nelle condizioni di-

"scambiare favori a sfondo sessuale". Teoricamente, stando ai fatti, quanto detto è capitato poche volte se non nessuna. Uno degli eventi che forse potrebbe riportare il pensiero a quanto detto è probabilmente il RainFurrest del 2015... ma anche qui, ben poche certezze (almeno in merito all'asta dell'animale domestico).

Per riassumere, quello che il mondo esterno vede del Furry Fandom è una presenza massiva di pornografia, feticismo e pratiche erotiche che sembrano nascondere la sezione "più comunitaria" e "più umana" del Fandom. Abbiamo chiarito che esistono persone, all'interno di queste comunità, che disapprovano comportamenti disgustosi di altri membri dello stesso Fandom, quindi viceversa.

Ad ogni modo, secondo delle statistiche che ancora una volta troviamo su FurScience[13], il 71% del campione analizzato sosteneva che il Fandom stesse migliorando mentre, di contro, solo un 4% era certo che questa cultura stesse peggiorando. Appoggiandoci al commento di un ex-Furry apposto al di sotto della pagina collegata alla nota 13, *"Penso che la situazione nel Furry Fandom stia peggiorando: vedo sempre di più i contenuti di NSFW* ("Not safe for work"). *Ho lasciato il Furry Fandom a causa di questo problema"*. Recentemente, per ovviare alla presenza di contenuti NSFW, FurAffinity ha abilitato (per gli utenti registrati) il tasto NSFW che permette di eliminare risultati espliciti direttamente dall'Home Page del sito. Per gli utenti non registrati, il portale carica direttamente la versione che non mostra contenuti NSFW per proteggere gli internauti minorenni.

La produzione artistica del Fandom è però varia, composta anche dai disegni e dalle opere d'arte digitale più belle, realizzate con grande maestria e rispetto delle proporzioni. Scavando in profondità, un internauta potrebbe scorgere anche qualche piccola pepita d'oro, qualcosa di affascinante, raffinato, impossibile da ritrovare altrove. ☐ ☐

1. Secondo alcune testimonianze, il comitato avrebbe ricevuto una lettera dal Seatac's Marriott Hotel, in cui la direzione di quest'ultimo intimava la congrega ad annullare l'evento. In caso contrario, questi avrebbero addebitato la cancellazione con una commissione di 116.000$ (https://www.reddit.com/r/furry/comments/4euzpi/the_story_with_rainfurrest_why_i_left_community/).

2. https://www.reddit.com/r/furry/comments/4euzpi/the_story_with_rainfurrest_why_i_left_community/

3. https://en.wikifur.com/wiki/Pornography

4. Pellicce, BDSM, Bestialità, Serpenti, Pellicce sporche e grasse, Sesso in tuta, Erpetofili (rettili), Ipertrofia (personaggi super-dotati), Macrofilia, Microfilia, Multiseno, Zampe, Toonfilia (Cartoni, Anime, etc...)

5. https://groups.google.com/search?pli=1&q=burned+furs&inOrg=false

6. https://en.wikifur.com/wiki/Burned_Furs

7. https://en.wikifur.com/wiki/Talk:Eric_Blumrich

8. https://www.amazon.it/gp/customer-reviews/R1T4TDZPITNNOM/rcf=cm_cr_dp_d_rvw_ttl?ie=UTF8&ASIN=162778232X

9. Un passatempo sicuramente più creativo, più utile, più ripagante e forse anche più divertente dello stare a guardare certi programmi televisivi.

10. Art. 85 del Testo Unico di Pubblica Sicurezza (R.D. 18 giugno 1931, n. 773): E' vietato comparire mascherato in luogo pubblico. | Art. 5 della legge n. 152/1975: E' vietato l'uso di caschi protettivi, o di qualunque altro mezzo atto a rendere difficoltoso il riconoscimento della persona, in luogo pubblico o aperto al pubblico, senza giustificato motivo. E' in ogni caso vietato l'uso predetto in occasione di manifestazioni che si svolgano in luogo pubblico o aperto al pubblico, tranne quelle di carattere sportivo che tale uso comportino (www.StudioCataldi.it).

11. Mi riferisco all'episodio "Pellicce e nausea" (Fur and Loathing) di CSI – Scena del Crimine, il quale venne particolarmente odiato dalla comunità Furry per via della trasposizione errata di questo mondo così articolato e complesso.

12. https://www.quora.com/Why-do-people-hate-furries

13. https://furscience.com/research-findings/fandom-issues/13-1-status-of-the-fandom/

SEZIONE 4
SEZIONE CONCLUSIVA

Conclusioni...

...la fine di un lungo viaggio

In questo breve libro abbiamo analizzato la nascita del Furry Fandom sin dalle sue antiche origini, sfumature dal passato che ricadono nel nostro presente. Da quelle grotte, da quei disegni fatti per indebolire l'animale da cacciare, quindi per venerare la sua essenza selvaggia, magica, paradossalmente così vicina a quella dell'uomo; la belva che vive nelle foreste, lontana dalla civiltà umana è sempre stata oggetto di venerazione culturale, intellettuale ma anche spirituale e religiosa. Con il passare del tempo, tale venerazione non è stata cancellata o sostituita, quindi nemmeno indebolita. D'altro canto, la venerazione o comunque il rispetto dell'Essere Umano verso l'animale è sempre stato onnipresente, seppur di grado differente a seconda della cultura presa in esame.

La nascita del Furry Fandom attribuita ad un semplice punto nello spazio-tempo, altresì l'unificazione involontaria del Fantascientifico e del Fumetto, sembra però qualcosa di fin troppo impreciso e scontato. A seguito dell'analisi di quanto trasposto su questo libro, la nascita di questo tipo di comunità è dovuta ad un raptus istintivo presente nell'animo o nel sub-conscio dell'Essere Umano. Questa vicinanza naturale, evolutiva, scientifica dell'uomo all'animale è qualcosa che avvertiamo tutti i giorni ma a cui non facciamo caso: la vita moderna è fin troppo celere per darci anche solo il tempo di pensare al fatto che stiamo respirando. Può quindi la creazione di questo Fandom essere intesa come una semplice emanazione di questo concetto? Il fatto di umanizzare un animale (secondo alcuni artisti, molto più semplice del processo di umanizzazione dell'uomo), il fatto quindi di rendere simile a noi un entità che effettivamente -per quanto della nostra stessa famiglia- non ci assomiglia per niente, potrebbe essere un richiamo, da parte della nostra stessa natura, alle nostre origini? Forse la nostra evoluzione, il nostro intelletto, il nostro bagaglio culturale che ogni anno, sempre di più, diviene sempre più sostanzioso, non stanno facendo altro che ricordarci ciò che eravamo, ciò che siamo, che saremo, che continueremo ad essere: animali. Per citare Joe Strike: *"Siamo animali anche noi, nel caso in cui te lo fossi dimenticato. Vuoi una prova? Controlla la tua pulsazione; se non la senti, o sei un vegetale o un minerale"*[1].

La realtà proposta dal Furry Fandom è quindi ben oltre la componente artistica e sociale; a mio dire è qualcosa che doveva capitare. La si interpreti non tanto come una comunità, un gruppo di persone sconosciute che si uniscono e che si ritrovano grazie ad interessi comuni, bensì come un promemoria. Abbiamo costruito grandi ipermercati, in America i così chiamati "Mall"; abbiamo creato gerarchie, imposto etichette, gestito procedure; imparato, ricercato, approfondito, scoperto. Noi Esseri Umani abbiamo conquistato l'universo, il cielo, la terra, i mari e gli oceani, le vette delle montagne, il sottosuolo. La nostra presenza è ritrovabile ovunque, la nostra impronta si presenta sulla superficie terrestre in ogni dove. Abbiamo sviluppato culture, paesi, città, metropoli, megalopoli; creato le società, generato regole, importato la civiltà. Produciamo e vendiamo, compriamo e consumiamo... ma cosa siamo? Qual'è la risposta a questa domanda che da secoli ci poniamo...? La risposta è "Nient'altro che animali", ma questo concetto, per quanto possa sembrare elementare e banale, lo abbiamo un po' dimenticato.

Non siamo altro che animali vestiti con una giacca e una cravatta. ☐ ☐

Fine

1.   Furry Nation di Joe Strike, pagina 1, capitolo 1: "In the beginning...".

Imposta il navigatore, *c'è tanta strada da fare*

Direzione dei prossimi studi

Il Furry Fandom rimarrà sempre sotto le lenti della scienza. L'attrazione dell'Uomo verso gli Animali è sempre stata presente, sin da quando l'Essere Umano effettuò la prima pennellata sulle pareti di pietra di una grotta. Esiste un istinto primordiale, certamente difficile da comprendere.

Quando il Fandom diventerà una realtà più Mainstream e meno Tabù, probabilmente sarà molto più semplice da studiare, sotto tutti gli aspetti: gli individui da interpellare sotto il profilo psicologico saranno maggiori, quindi più numerosi saranno i dati raccolti e le conclusioni più precise. Del resto, le illazioni relative ad uno studio psicologico-sociale per comprendere il motivo dell'esistenza di questo Fandom, nonché di quelle briciole di pane lasciateci dai nostri avi, potrebbero essere piuttosto sorprendenti.

Futuro del Fandom

Come sarà in futuro il Furry Fandom? Se lo chiedono in tanti. Stando al parere condiviso da più membri di questa comunità (ritrovabili in un qualunque gruppo a tema su Reddit) è quello secondo cui il Fandom diventerà effettivamente più Mainstream e meno Tabù, questo grazie ad una rimodulazione interna dei contenuti. Un calo della produzione NSFW a fronte di un aumento dell'arte di fino potrebbe effettivamente ribaltare la situazione interna. Un cambio così drastico nel mondo del Fandom potrebbe porre sotto una luce diversa i suoi componenti interni, quindi dimostrare agli esterni che si sbagliavano: il Fandom non è solo pornografia, sesso, feticismo, pazzia e costumi pomposi.

Se abbiamo un risvolto positivo, ecco il rovescio della medaglia. Secondo una seconda scuola di pensiero, il Fandom potrebbe addirittura arrivare ad un punto di rottura (seppur in un momento molto anteriore rispetto ad oggi) determinato da spaccature interne, creazioni di fazioni, produzione decuplicata di materiale NSFW e quindi disequilibri interni.

Qualunque sia il futuro del Fandom, nulla e nessuno possono cancellare ciò che questa comunità è stata e ciò che ha rappresentato: un punto di unione tra persone facenti parte di pensieri differenti, culture diverse. E' una prova, una testimonianza concreta che sì, *le fenici esistono davvero*: da un presente travagliato, difficile e pieno di ostacoli, ci si può rialzare in piedi, *resilienti,* per continuare a camminare...

...sulle proprie zampe. □ □

Emanuele Pagani
Febbraio, 2022 – Arluno (Milano)

Compendio finale: *Materiale utile per Furries e ringraziamenti*

MICROINDICE:
- *Conferenze e conventions*
- *Siti utili per approfondimenti*
- *Social Network per Furries*
- *FurSuit artigianali su misura Made in Germany*
- *Ringraziamenti speciali*

Conferenze e conventions

- Berlino, Germania – Eurofurence: https://www.eurofurence.org/
- Ottawa, Canada – CanFURence: https://canfurence.ca/
- Edmonton, Canada – Fur-Eh - https://www.fureh.ca/
- Toronto, Canada – FurnalEquinox: https://furnalequinox.com/
- Dallas, USA - Texas Furry Fiesta: https://furryfiesta.org/
- Pitsburg, USA - Anthrocon: https://www.anthrocon.org/
- Italia – Furizon: https://furizon.net/it/homepage/

Siti utili per approfondimenti

- FurScience - https://furscience.com/
- WikiFur - https://wikifur.com/
- Forums Fur Affinity - https://forums.furaffinity.net/
- FurryCons.com - https://furrycons.com/

- Generatore di Fursone - https://thisfursonadoesnotexist.com/
- Flayrah, A Furry Magazine - https://www.flayrah.com/

Social Network per Furries

- Forums Fur Affinity - https://forums.furaffinity.net/
- Fur Affinity - https://www.furaffinity.net/
- Dealer's Den (Venditore e aste per Furries) - https://www.thedealersden.com/
- Furry Network - https://furrynetwork.com/
- SoFurry - https://www.sofurry.com/
- Transfur - https://www.transfur.com/

FurSuit artigianali su misura "Made in Germany"

- Schneepardi Creations - https://www.schneepardicreations.com/
  (non esistono rapporti pubblicitari tra autore del libro e Schneepardi Creations)

Ringraziamenti speciali

- Ringrazio di cuore la dottoressa K. Gerbasi del Niagara County Community College, PhD in Psicologia, collaboratrice di FurScience.com per la consulenza, per le risposte alle mie domande generali sulla scienza del Furry Fandom nonché per la trattazione in forma privata della tematica sui Therian (Therianthropy/Otherkin).
- Grazie a Curtney N. Plante, Stephern Reysen, Sharon E. Roberts nonché la già citata Gerbasi per

-222-

la redazione e la messa in rete del libro a titolo gratuito "Fur Science: A summary of five years of research from the international Anthropomorphic Project" (https://furscience.com/wp-content/uploads/2017/10/Fur-Science-Final-pdf-for-Website_2017_10_18.pdf).

- Si ringraziano gli Admin, nonché i Collaboratori di Fur Affinity (la più grande comunità online di Furry Fandom) per avermi permesso di trattare con i presenti e di vedere, direttamente attraverso i miei occhi, come si svolge la vita all'interno del Fandom.

- Grazie agli utenti con background *Furrico* che hanno seguito, supportato, condiviso o risposto alle mie indagini e domande presenti su Quora.

- E, naturalmente, grazie a te, caro lettore, che con l'acquisto di questo libro supporti il mio hobby letterario e la divulgazione delle informazioni contenute in questo testo.

□ □

In *"Origins Inspection"* si cerca in tutti i modi di non lasciare alcuna informazione al caso e di essere il più possibile oggettivi. Trattandosi di argomenti estremamente sensibili, è importante documentarsi approfonditamente per evitare di insultare intere comunità o travisare il loro funzionamento e la loro ideologia. Puoi confrontare le informazioni qui riportate con i siti sopra riportati (sezione *Siti utili per approfondimenti*) oppure contattare un informatore attendibile (Admin di gruppi, Scienziati, Studiosi o Partecipanti delle comunità, a seconda del caso).

Questo libro non ha lo scopo di rubare il lavoro effettuato da altri. I successi scientifici, sociali, creativi o artistici raggiunti da persone, gruppi di persone o enti rimangono di loro esclusiva proprietà (si vedano le note a fine capitolo).

.Grazie per aver letto il libro.

Romanzi

- **L'ENIGMA DEL MANOSCRITTO VOYNICH** *(isbn 9798572781052) [2020] -Sequel de "Il criptogramma dello Shepherd's Monument- | Genere: Giallo, Avventura*

Il professor Galli torna all'FBI dopo qualche anno e scopre che, ancora una volta, hanno bisogno di lui. Questa volta non gli verrà chiesto di decriptare qualche lettera o qualche monumento, bensì dovrà capire a cosa serviva un manoscritto: il famoso manoscritto Voynich. In questa avventura però non sarà da solo, infatti, una nuova ragazza farà il suo ingresso all'interno dell'FBI e... per Marco... ci saranno alcune grosse novità che lo attenderanno. Una guerra contro il tempo, contro la burocrazia e contro una nuova nemesi: l'avventura si fa ancora più difficile ma, non bisogna perdersi d'animo.

- **IL CRIPTOGRAMMA DELLO SHEPHERD'S MONUMENT** *(isbn 9781704448466) [2019] | Genere: Giallo, Avventura*

Un professore universitario viene contattato da un'agenzia governativa, l'FBI, la quale, dopo aver visto il suo curriculum, decide di assumerlo per risolvere un enigma che, da molti anni, è rimasto irrisolto. Quella che si troverà davanti il professore sarà una lotta contro il tempo e contro una nemesi onnipresente che cercherà in ogni modo di fermare i tentativi di risolvere quell'enigma. Quel criptogramma deve avere qualcosa di davvero particolare; dietro quelle lettere e quel simbolismo deve esserci qualcosa di davvero importante e che, per davvero, potrebbe cambiare l'umanità intera: forse potrebbe nascondere qualcosa di mitico o... di leggendario.

Romanzi "Fan-Ta-Sia"

- **LONELY RIVER: il risveglio** *(isbn 9798795785837) [2022] | Genere: Dark fantasy, Orrore, Mistero*

Un famoso scrittore, nel giorno della presentazione del suo ultimo libro, viene interrotto da un signore anziano che gli suggerisce una visita presso una città fantasma, i cui abitanti sparirono in circostanze misteriose. Senza pensarci due volte, Christopher prese la ferma decisione di visitare quella località con la sua famiglia. In una lotta contro il tempo, egli si troverà a dover fronteggiare creature mostruose e compiere scelte pericolose. Ad ogni modo, fuggire da quell'incubo non sarà il suo solo obbiettivo.

Racconti brevi

- **UOMINI E DEI** *(isbn 9781720042938) [2018]*

Sembrava tutto normale quel giorno in quella piccola cittadina al di là del fiume Nilo: i mercanti e i commercianti lavoravano, gli abitanti erano felici e il sole scaldava quel piccolo paese con i suoi raggi caldi e luminosi. Tutto però cambiò in un battito di ciglia. Un giovane, Unas, commerciante di vasellame, ricevette un sogno che lo colpì particolarmente e che ben presto si rivelò una profezia. Il faraone Amenofi morì e gli dèi avevano bisogno di essere protetti e difesi da ciò che sarebbe arrivato dopo: un nuovo faraone, Akhenaton, che avrebbe travolto in breve tempo la routine del mondo egizio, squilibrando sotto tutti gli aspetti la quotidianità del tempo. Unas scoprirà poi di non essere il solo ad essere stato chiamato dalle divinità, infatti, un'altra donna, anch'essa invitata a mettere fine alle ingiustizie di quel regno, lo aiuterà restando sempre al suo fianco. Dopo la salita al trono di Akhenaton, la paura ormai imperversava su tutto l'Egitto. Unas e la ragazza dovevano fare qualcosa; per il bene della loro terra e per il bene degli dèi, ma riusciranno a vincere contro il male solo seguendo il loro cuore e il loro amore.

Saggi

- **HOMO ALIENA: viaggio tra artefatti e teorie per ritrovare le tracce del nostro passato** *(isbn 9798500003959) [2021] |Genere: Storico, pseudostorico, indagine, confronto, dibattito, ufologia*

  La Terra; un piccolo pianetino disperso nello spazio infinito ma che è sempre in grado di sorprenderci: questo il teatro di cui ci serviremo per analizzare, studiare e comprendere al meglio gli antichi incontri dell'uomo con gli extraterrestri. In questo libro ripercorreremo le fila della storia per analizzare strani oggetti che sembrano essere venuti dal futuro, analizzeremo avvistamenti, quadri e istituzioni che sembrano voler divenire prove della presenza di vita extraterrestre e di una storia a cui non siamo abituati. È possibile che in antichità esseri più evoluti di noi ci abbiano incontrati plasmando le nostre conoscenze? È possibile che le più grandi istituzioni del mondo si stiano aprendo a progetti per indagare sulla vita aliena? Ed infine, è possibile che l'essere umano abbia raffigurato -per mezzo dell'arte- fenomeni UFOlogici? Analizzeremo tutto questo sotto due punti di vista; quello degli scettici e quello di coloro che credono... starà a voi lettori, per mezzo del senso critico, dare le conclusioni.

- **CONTROCORRENTE: quando scienza e pseudo-scienza si incontrano** *(isbn 9798644255139) [2020] |Genere: Storico, scientifico, pseudostorico, pseudoscientifico, indagine, confronto, dibattito*

  L'essere umano ha da sempre cercato di trovare delle spiegazioni utili che potessero spiegare, in maniera sintetica e rapida, l'insieme delle cose che lo circondavano e che lo circondano tutt'ora. In antichità, quando ancora il metodo scientifico non era niente altro che un bagliore nell'oscurità, l'essere umano cercava risposte in ciò che gli era vicino: egli ragionava per analogie, riferimenti, ragionamenti non scientifici e idee; concetti che vennero poi rispolverati da uomini di cultura per verificarli. Nei tempi antichi, l'umanità ha sviluppato numerose tesi in diversi ambiti scientifici ma, quali sono vere? ControCorrente nasce per comparare queste teorie e, in un certo senso, analizzarle.

- **IL CULTO DEI MORTI EGIZIO** *(isbn 9781077872837) [2019] |Genere: Storico*

  Il culto dei morti degli antichi egizi ha sempre suscitato un certo fascino: le mummie e i sacri riti che venivano effettuati per garantire la sopravvivenza del defunto nell'aldilà erano molto importanti e, questo libro, cercherà di analizzare al meglio questo insieme di credenze e di spiritualità di cui il mondo egizio era completamente intriso. Analizzeremo divinità, libri dedicati ai morti e gli antichi rituali anche grazie all'analisi di nuove scoperte e di alcuni fatti storici che ci aiuteranno a comprendere questo antico e lunghissimo viaggio.

Resta aggiornato sulle ultime pubblicazioni con le liste interattive:

https://emanuele-pagani.weebly.com/